L'ATTACCO dei Mostri di Neve MUTANTI

L'ATTACCO dei Mostri di Neve MUTANTI

Calvin and Hobbes di Bill Watterson

COMIX

Calvin and Hobbes è un personaggio a fumetti creato da Bill Watterson, distribuito in tutto il mondo dalla Universal Uclick ed editato da ILPA. *Attack of the Deranged Mutant Killer Monster Snow Goons* è stato pubblicato per la prima volta negli Stati Uniti da Andrews McMeel Publishing, LLC, e Andrews McMeel Universal company, Kansas City, Missouri.

Traduzione: Nicoletta Pardi

ISBN 978-88-570-1005-2

Nuova edizione: settembre 2015

(*) BATTUTA INTRADUCIBILE BASATA SU: CHICKEN - POLLO E CHICKEN POX - ESANTEMA DEL POLLO, MORBILLO.

PRONTO?
CIAO SUSIE, SONO IO, CALVIN! VUOI VENIRE A GIOCARE CON ME?
CERTO! NON PENSAVO CHE MI AVRESTI **MAI** INVITATA...
CALVIN, CHE STAI FACENDO?
NIENTE MAMMA, VA' VIA.
SEI CONTAGIOSO! NON PUOI GIOCARE CON NESSUNO!
SSHT! SSHT! ROVINI TUTTO! STAVO TENTANDO DI CONVINCERE SUSIE A... EHI! LASCIAMI! OW!
CLICK
NESSUNA SPERANZA CHE TRASLOCHIAMO, PAPA'?

SEI ASSOLUTAMENTE SICURO CHE LE TIGRI NON POSSANO PRENDERE IL MORBILLO?
ASSOLUTAMENTE.
SEI **ASSOLUTAMENTE** SICURA CHE LE TIGRI NON POSSANO PRENDERE IL MORBILLO?
TORNA A LETTO, CALVIN.

GUARDA, LE MACCHIE SE NE STANNO ANDANDO.
BENE.
BE', RICORDA CHE QUESTA SETTIMANA NON CONTA.
NON CONTA?
ESATTO. LE GIORNATE DI VACANZA NON CONTANO SE SEI MALATO. PER AVERE LA MIA GIUSTA QUANTITA' DI VACANZE, DEVO INIZIARE LA SCUOLA UNA SETTIMANA PIU' TARDI.
OK, CHE DICE IL **PROSSIMO** EMENDAMENTO? SONO SICURO CHE E' SCRITTO DA QUALCHE PARTE.

Calvin and HobbEs
by WATTERSON
VORREI STRINGERE LA MANO AL GENIO CHE HA INVENTATO QUESTA COSA.
OK, IL GIOCO E' COSI': CI LANCIAMO IL PALLONCINO, MA OGNI VOLTA CHE LO PRENDIAMO FACCIAMO UN PASSO INDIETRO. L'IDEA E' DI QUANTO RIUSCIAMO AD ALLONTANARCI PRIMA CHE UNO DEI DUE VENGA INZUPPATO.
CAPITO.
OK, LANCIAMELO.
ECCO, L'HO PRESO! ORA FACCIO UN PASSO INDIETRO E LO LANCIO A TE.
AH AH! PRENDI QUESTO, BABBEO!
PLOOSH
AH AH AH! CHE RAZZA DI SCEMO! AH AH AH!
EHI! CHE SUCCEDE? NON SAI STARE ALLO SCHERZO?! ERA UNO SCHERZO! E' STATO UN INCIDENTE! NON L'HO FATTO DI PROPOSITO!
EHI! NO! NON NEL BARILE DELL'ACQUA!
NON C'E' GUSTO A GIOCARE CON CHI NON E' SPORTIVO.

POSSO ALZARMI? C'E' UN PROGRAMMA ALLA TV CHE VOGLIO VEDERE.
STIAMO ANCORA MANGIANDO, CALVIN.
IO HO FINITO. QUESTA ROBA ERA SCHIFOSA. VOGLIO GUARDARE LA TV.
NON STA BENE ALZARSI DA TAVOLA A META'.
QUINDI CHE DOVREI FARE? STAR QUI ***SEDUTO*** A GUARDARE VOI CHE ***MASTICATE?*** MI PERDO IL PROGRAMMA!
E' PIU' IMPORTANTE PASSARE IL TEMPO INSIEME ALLA TUA FAMIGLIA.
FACCIAMO UN COMPROMESSO. GUARDO UNA SITCOM DI FAMIGLIA.
COSI' SCOPRIRAI RAPIDAMENTE LA DIFFERENZA TRA QUELLO E LA VITA REALE.
STA INIZIANDO IL MIO PROGRAMMA. LO PERDERO'.
SONO CERTO CHE RIUSCIRAI A FARTENE UNA RAGIONE.
COS'E' TUTTO QUESTO CAN-CAN DELLA CENA?! PERCHE' NON POSSO GUARDARE LA TV? TANTA GENTE GUARDA LA TV MENTRE MANGIA.
CALVIN, LA CENA E' L'UNICO MOMENTO DELLA GIORNATA IN CUI STIAMO INSIEME E PARLIAMO. NON BASTA VIVERE SOTTO LO STESSO TETTO PER ESSERE UNA FAMIGLIA. BISOGNA INTERAGIRE OGNI TANTO.
POTREMMO DISCUTERE IL CANALE DA GUARDARE.
SAI BENISSIMO COSA INTENDO.
ORA HO PERSO META' DEL PROGRAMMA, SARETE CONTENTI.
NON PUOI PIANIFICARE LA TUA ESISTENZA INTORNO ALLA TELEVISIONE.
HMPH.
SENTI, NON CREDO SIA TROPPO CHIEDERE DI STARE INSIEME 40 MINUTI SENZA DISTRAZIONI E INTERRUZIONI.
RINNGG!
VADO IO! ASPETTO UNA TELEFONATA!
VA' AVANTI, PAPA'. STAVI DICENDO QUALCOSA DI BUFFO.
IO HO UN SACCO DI GENI FAVOLOSI, SOLO CHE SONO RECESSIVI. ***QUESTO*** E' IL PROBLEMA.

VIENI HOBBES, DOBBIAMO ANDARE FUORI.
DOB-BIAMO?
GIA', IL PAPA' NON MI LASCIA GUARDARE LA TV. DICE CHE E' ESTATE E DOBBIAMO ANDARE FUORI A CORRERE. CI PUOI CREDERE?! CHE RAZZA DI DITTATORE!
CHE CRUDELTA' ESSER COSTRET-TI A GIOCARE.
GLIELA FARO' VE-DERE. MI RIFIUTO DI DIVERTIRMI.
OK, FAREMO UNA CORSA FINO A QUEL-L'ALBERO LAGGIU'!
CHI VINCE SARA' IL CAMPIONE DELL'UNI-VERSO.
ASPETTA... QUANT'E' CHE SIAMO FUORI?
NON SO. FORSE UN'ORA.
DAVVERO? COME PASSA IL TEMPO! ASPETTA, TORNO SUBITO.
NON MI STO DIVER-TENDO!
STA VENENDO BUIO, CALVIN. E' ORA DI ANDARE A LETTO!
MA STIAMO CACCIANDO LE LUC-CIOLE. NON POSSIAMO STARE ANCORA UN PO'?
PRIMA NON VOLEVI USCI-RE E ADESSO NON VUOI RIENTRARE!
VISTO? SENZA GUARDARE LA TV TI SEI DIVERTITO DI PIU' E AVRAI IL RICOR-DO DI QUALCOSA CHE HAI FATTO.
NON C'E' NIENTE CHE ROVINA IL DIVERTIMENTO COME LO SCO-PRIRE CHE E' FORMATIVO PER IL CARATTERE.

Calvin and Hobbes
by Watterson
IL TARDO CRETACEO...
... QUANDO IL MONDO FACEVA SUL SERIO!
UN GIGANTESCO QUETZALCOATLUS, UNO PTEROSAURO DELLA DIMENSIONE DI UN AEROPLANO, PIOMBA SOPRA L'ORRIBILE TIRANNOSAURO!
IL TIRANNOSAURO SI ALLUNGA E AFFERRA LA PESTE VOLANTE.
UH OH! IL MOVIMENTO ATTRAE ALTRI TIRANNOSAURI, AVIDI DI PREDA IMMERITATA!
MI PASSI UN'ALA, CALVIN?
NO! NEMMENO PER SOGNO! È MIO! TUTTO MIO!
SCACCIATO DA DIGRIGNII E DAI FEROCI RUGGITI DEGLI INTRUSI, IL TIRANNOSAURO COVA UN PROFONDO RISENTIMENTO. LA VENDETTA SARA' PRESTO SUA!

EHI, MAMMA, SE FOSSIMO CANNIBALI, CHE PARTI DEL CORPO MANGEREMMO?
COSA?!
DA DOVE PRENDEREMMO LE BISTECCHE? LE GAMBE SAREBBERO COME COSCE DI POLLO? I BAMBINI SAREBBERO SIMILI AL VITELLO?
UGHH! VA' A FARE IL DISGUSTOSO ALTROVE! FUORI!
CERTA GENTE NON SA NEMMENO CHE COS'E' UNA MENTE INDAGATRICE.
WATTERSON
HAI NOTATO COME LE PERSONE PIU' DIVENTANO VECCHIE, PIU' DIVENTANO LENTE?
MI CHIEDO COME MAI. IO PENSO CHE MENO VITA TI RIMANE, PIU' IN FRETTA DOVRESTI CERCARE DI VIVERLA, IN MODO DA OTTENERE IL MAGGIOR NUMERO DI ESPERIENZE.
QUANDO SARO' UN VECCHIO ECCENTRICO COME IL PAPA', ANDRO' IN GIRO COME UN PAZZO.
BENONE.
WATTERSON
WATTERSON
TI CONVIENE SBRIGARTI. TUA MADRE STA GRIDANDO QUALCOSA.

PIANO... PIANO... ADESSO... COSI'...
ATTENTO, ORA... PIANO... BRAVA BICICLETTINA...
AUGH!
PHPPBT!
WATTERSON

WOW! CHE TI E' SUCCESSO?!
QUELLA DANNATA BICICLETTA HA TENTATO DI UCCIDERMI!
SEI CADUTO?
CI HO MESSO 40 MINUTI PERCHE' MI LASCIASSE SALIRE, E POI MI HA DISARCIONATO SCARAVENTANDOMI OLTRE IL MANUBRIO.
SEI CADUTO.
POI HA TENTATO DI PASSARMI SOPRA! MI VUOLE UCCIDERE! SONO FORTUNATO A ESSERE VIVO!
BEH, CI VUOLE PRATICA PER STARE IN EQUILIBRIO.
HAI UNA CARABINA? DEVI ABBATTERLA!
WATTERSON

WATTERSON
FORSE HAI UN PROBLEMA AL LABIRINTO.

CIAO, CALVIN! CHE FAI LI' DIETRO?
SHH! SHH! ZITTA! NON FARE RUMORE!
HAI VISTO LA MIA BICICLETTA?
NO...
GRAZIE A DIO. SE LA MIA BICI NON MI BECCA PRIMA, LE TAGLIO TUTTI I RAGGI IN DUE. OGGI NON MI HAI VISTO, CAPITO?
LA NOSTRA CLASSE HA ELETTO CALVIN "IL PIU' PROBABILE A FINIRE SUI GIORNALI UN GIORNO O L'ALTRO".

VUOI UN PO' D'OLIO? VEDI? IL BUON OLIETTO? NE VUOI UN PO'? PIANO... PIANO...
RRR
YAAA!
TI HO PRESA! TI FARO' A PEZZETTINI, BRUTTA CARCASSA ARRUGGINITA...
BUONA!
AHH
WHOA
OW
IO NON SONO MAI FINITO CON LA FACCIA NELLA CATENA QUANDO HO IMPARATO AD ANDARE IN BICICLETTA.
DAVVERO, COM'E' SUCCESSO?
VE L'HO DETTO! OW!

QUELLA STUPIDA BICICLETTA! LA ODIO! NON NE USERO' MAI UNA IN VITA MIA.
CREEAAKK
C... CHE COS'E'?
AUGHH! LA MIA BICICLETTA MI STAVA ASPETTANDO! E' VENUTA A PRENDERMI! AIUTO!
V...VISTO? STA TENTANDO DI UCCIDERMI!
E' STATO SOLO UN INCUBO, TESORO... MA PERCHE' DIAVOLO HAI PORTATO LA TUA BICI DI SOPRA?

CALVIN, VA' A BUTTARLO NELLA PATTUMIERA IN GARAGE, PER FAVORE.
IN **GARAGE?** SEI PAZZA?
LO DIVENTERO' SE NON LO FAI.
MA LI' C'E' LA MIA BICICLETTA KILLER! NON POSSO ANDARCI! MI SALTERA' ADDOSSO!
NON VOGLIO SENTIRE SCIOCCHEZZE. FA' QUELLO CHE TI HO DETTO, OK?
RRRR
CHISSA' QUANTO MI PERMETTONO DI ANDAR LONTANO I MIEI RISPARMI...

PSSST! HOBBES!
CHE CI FAI LI' SOPRA?
MI NASCONDO DALLA MIA BICICLETTA KILLER. LEI NON PUO' ARRAMPICARSI, QUINDI CREDO CHE RESTERO' QUASSU' PER IL RESTO DELLA MIA VITA.
DEVI SEMPLICEMENTE METTERE UN BASTONE FRA I RAGGI DELLA RUOTA ANTERIORE. COSI' QUANDO IL BASTONE URTA LA FORCELLA, LA RUOTA SI BLOCCA E LA BICI SI RIBALTA.
EHI, CHE IDEONA! HOBBES, SEI IL MIO SALVATORE!
SE TI STAI CHIEDENDO COME RICAMBIARE IL FAVORE, POSSIAMO DARE UN'OCCHIATA IN CUCINA.

L'HO FATTO, HOBBES! QUELLO CHE HAI DETTO! HO MESSO UN BASTONE FRA I RAGGI DELLA BICI KILLER!
QUANDO HA TENTATO DI SALTARMI ADDOSSO, SI E' RIBALTATA! ALLORA L'HO BLOCCATA E LE HO SGONFIATO LE GOMME!
AH! SCOMMETTO CHE QUELLA VECCHIA CAROGNA NON MI SEGUIRA' PIU'! SIAMO TROPPO FURBI PER LEI! L'UOMO TRIONFA SULLA MACCHINA!
ROTELLE D'APPOGGIO! BUONA IDEA!
HO GONFIATO ANCHE LE GOMME. ERANO COMPLETAMENTE A TERRA.

Calvin and HOBBES
by WATTERSON
ECCIÙ!
LE PALLE CACCOLATE SONO ILLEGALI!
WHAP!
PRIMA BASE!
QUINTA!
NONA!
PUFF PUFF
UNDICESIMA!
PUFF
VENTICINQUESIMA!
CALVIN STA PER RAGGIUNGERE LA CASA BASE!
TROPPO TARDI! SEI OUT!
DOINK
DOBBIAMO CAMBIARE LE REGOLE.
OH, NON VORRAI GIOCARE NEL SOLITO MODO CRETINO!?

ALLA NOSTRA SALUTE!
ALLA NOSTRA!
AMICISSIMI PER SEMPRE!
GIUSTO!
GNAM GNAM GNAM GNAM

CIAO PAPI. TI CHIEDERAI COME STAI ANDANDO NEI SONDAGGI.
NON PROPRIO.
PENSO CHE TROVERAI **QUESTI** DATI PIUTTOSTO INTERESSANTI. QUESTA LINEA RAPPRESENTA "L'INDICE DI GRADIMENTO PAPA'" AL 70%. QUESTA INVECE MOSTRA IL **TUO** INDICE DI GRADIMENTO: SOLTANTO UN **10%**!
I.D.G.P.
UN SONDAGGIO FRA I SEIENNI DELLA FAMIGLIA DIMOSTRA CHE L'INDICE DI GRADIMENTO DEL PAPA' AUMENTA VISIBILMENTE A MANO A MANO CHE VIENE RITARDATA L'ORA DI ANDARE A LETTO! VEDI, A MEZZANOTTE RIENTRI QUASI NELLA NORMA!
12
11
10
9
10%
70%
QUESTI RISULTATI SUGGERISCONO UNA LOGICA LINEA D'AZIONE.
QUANTO CI HAI MESSO A ELABORARE I DATI?

A QUANTO PARE VA NUDO IL MIO TIGROTTO.
LA SUA PELLICCIA NON GLI PIACE PIU'
CHE LA LASCIA PER TERRA NEL SALOTTO?
FORSE RITIENE CHE SIA DEMODE'
O IL COLORE GLI PARE UN PO' OBSOLETO.
VOI CHE NE DITE: LA RIVORRA' INDIETRO
O POTRO' USARLA QUI COME TAPPETO?
Z
CHISSA' QUANDO COMINCIA LA SCUOLA.

LA GENTE NON MI CAPISCE. NON SI RENDE CONTO CHE SONO UN GENIO PATENTATO.
HAI UNA PATENTE?
MA CERTO. VEDI, DICE "CALVIN, GENIO GARANTITO".
CASPITA, HAI LA GARANZIA?
BEH, NON PROPRIO, MA NESSUNO CI BADA. DICO CHE E' RIMASTA NEL NEGOZIO.
MICA MALE.
SONO UN GENIO.
CON COSA L'HAI STAMPATA? CON UN CACCIAVITE?
WATTERSON

AAHH!
SLIT
COME FACCIO A IMPARARE LA CHIRURGIA SE NON MI LASCIANO SEZIONARE NIENTE?
WATTERSON

SAI COSA MI FA IMPAZZIRE? LE FORMICHE *CORRONO* SEMPRE! E' COME SE PENSASSERO DI NON ARRIVARE MAI IN TEMPO!
VEDI, NON SI LIMITANO A CAMMINARE. VANNO DAPPERTUTTO AL MASSIMO DELLA VELOCITA'! NON E' SCIOCCO?
TORNIAMO INDIETRO. TI DEVO FAR VEDERE UNA COSA!
WATTERSON

Calvin and Hobbes
by WATTERSON
UN GIORNO IN PIU', UN DOLLARO IN PIU'...
... SE NE VA UN ALTRO PEZZO INSOSTITUIBILE DI UNA VITA CHE TRASCORRE INESORABILE.
CHE BELLA GIORNATA ESTIVA... E DEVO PASSARLA IN UFFICIO, RAGAZZI.
E' COME SE CORRESSI CONTINUAMENTE SENZA MAI AVERE IL TEMPO DI GODERE DI GIORNATE COME QUESTA.
CERTO CHE MI PIACEREBBE STARMENE UN GIORNO TRANQUILLO A CASA. NIENTE TRAFFICO, NIENTE TELEFONATE... SAREBBE STUPENDO. POTREI STARE UN PO' CON CALVIN, LEGGERE UN LIBRO, ANDARE IN BICICLETTA...
FORSE POTREI PRENDERMI UNA GIORNATA DI PERMESSO. NON CROLLERA' IL MONDO SE OGGI NON VADO IN UFFICIO. GIORNATE COME QUESTA NON CI SONO SPESSO, E LA VITA E' BREVE.
CIAO PAPI, ADDIO PAPI.
AUGHH
TORNA QUI IMMEDIATAMENTE E TOGLI TUTTI QUEI VERMI MORTI CHE HAI MESSO NEL MIO SHAMPOO! ORA!

CON UN BRONTOLIO LONTANO, GRANDI NUBI TEMPORALESCHE SI AMMASSANO NEL CIELO!
IMPROVVISAMENTE C'E' UN LAMPO ACCECANTE! E' CALVIN, IL FULMINE!
IN UNA FRAZIONE DI SECONDO, LA CASA SOTTOSTANTE SARA' RIDOTTA A UN AMMASSO DI ROTTAMI!
LO SO CHE FUORI PIOVE, MA VEDI DI GIOCARE A QUALCOS'ALTRO.

OGNI GIORNO LA STESSA SOLFA.
... MA OGGI NO!
SIAMO TUTTI SCHIAVI DELLA ROUTINE.

POSSO COMPRARE DELLE LENTI A CONTATTO?
I TUOI OCCHI SONO A POSTO! NON HAI BISOGNO DI LENTI.
SI', INVECE! CI SONO QUELLE CHE CAMBIANO COLORE AGLI OCCHI!
I TUOI OCCHI SONO MOLTO CARINI COSI' COME SONO.
MA SE AVESSI DELLE LENTI A CONTATTO, POTREI FARNE UNO ROSSO SANGUE E L'ALTRO A STRISCE GIALLE COME UN INSETTO.
NON SO, E' COME SE LA GENTE UNA VOLTA ADULTA, PERDESSE IL SENSO ESTETICO.

BEH, CI VUOLE SEMPRE UNA **RAGIONE** PER QUALUNQUE COSA?!

GENTE, QUANDO FA COSI' CALDO, NON HO VOGLIA DI FARE ASSOLUTAMENTE NIENTE!
FORTUNATAMENTE QUESTO ERA IL NOSTRO PROGRAMMA FIN DALL'INIZIO.

IO, TARZAN! RE DELLA GIUNGLA!
THUMP THUMP
BELLE MUTANDINE. LO SA TUA MAMMA CHE VAI IN GIRO COSI'?
NON PENSO CHE JANE ABBIA **MAI** PARLATO COSI' A TARZAN.

Calvin and Hobbes
by Watterson
PER UN DIVERTIMENTO IMMEDIATO...
... BASTA AGGIUNGERE UN PO' D'ACQUA!
SQUEAK
EHH EHH EHH
FWOOSH
EHH EHH
CERCHI QUALCUNO?
UH, CHI? IO?! AH AH AH! UM, NO... NO. VOGLIO DIRE SI'... MA QUALCUN ALTRO. EH EH, NON TE.
C'E' UNA DOMANDA IPOTETICA CHE DOVRESTI FARE A TE STESSO.
SE TU SAPESSI CHE OGGI E' IL TUO ULTIMO GIORNO DI VITA, CHE COSA FARESTI DI DIVERSO?
... SPECIALMENTE SE, FACENDO QUALCOSA DI DIVERSO, OGGI POTESSE NON ESSERE IL TUO ULTIMO GIORNO DI VITA.
PENSO CHE QUESTA DOMANDA NON FOSSE AFFATTO IPOTETICA.

NON HAI CALDO D'ESTATE CON I PANTALONI LUNGHI? PERCHE' NON METTI I BERMUDA?
CHE C'E'? CHE COS'HO DETTO?
I BERMUDA MI TOCCANO I PIEDI, OK?!?

OH MAMMA, TI COMPORTI COME SE IO NON FOSSI LEGATO CON LA CORDA ELASTICA!

WAP!
BONK
CAVOLI, SIAMO FUORI *TUTTI E DUE!*
THOK

FANTASTICO! HAMBURGER SUL BARBECUE!
POSSONO ESSERE CARBONIZZATI FUORI! POSSONO ESSERE CRUDI DENTRO! MA ALMENO HANNO QUEL SAPORE SPECIALE DA BARBECUE!
... DI BENZINA! MMM, QUANDO SI MANGIA?
COSA **INTENDI** CON DOMANI?!

MI PIACCIONO I GIOCHI CHE FANNO MOLTA CONFUSIONE.
IL PROBLEMA DI QUESTO CARRETTO E' CHE NON FA ABBASTANZA RUMORE.
AIEEEE!!
AUGH! WHOAA!
OOMPH!
OOH!
PER FORTUNA LO FACCIAMO NOI!

YAAH!
OOPS.
FA COSI' SOLO PER DIMOSTRARMI CHE ***AVREBBE POTUTO*** FARMI FUORI.

Calvin and HOBBES
by WATTERSON
PER QUANTO NEI HAI ANCORA?
ALMENO 15 MINUTI PIU' L'ASCIUGATURA.
... SIGHHH...
MI ANNOIO. NON C'E' NIENTE DA FARE.
NIENTE DA FARE?! E' UNA BELLISSIMA GIORNATA ESTIVA!
ESCI ALL'APERTO! SE NON TROVI NIENTE DA FARE E' PERCHE' NON HAI CERCATO! SU! USA UN PO' DI IMMAGINAZIONE!
LA MIA EDUCAZIONE E' INFARCITA DI MESSAGGI CONTRADDITORII.

TU INCORAGGI LA LIBERA ESPRESSIONE DELLE IDEE DELLA NOSTRA SOCIETA'?
CERTO. E' AL PRIMO POSTO NELLA NOSTRA COSTITUZIONE.
QUINDI SEI CONTRO LA CENSURA DELLE IDEE CHE CONSIDERI SPIACEVOLI?
ESATTO. BISOGNA ACCETTARE IL BUONO E IL CATTIVO.
QUINDI NON HAI NIENTE DA OBIETTARE SE IO MI ESPONGO A FORME DI ARTE, MUSICA E CINEMA CHE ALCUNI RITENGONO OFFENSIVE E SCIOCCANTI, VERO?
OK, PRIMA LASCIA CHE TI PARLI DELLA RESPONSABILITA' DI ESSERE EDUCATI CULTURALMENTE ED ESSERE CAPACI DI FARE DISTINZIONI CRITICHE SU...
STAI MENANDO IL CAN PER L'AIA!

GRATTA GRATTA GRATTA
HMM MM
GRRR SNARLL
GRATTA GRATTA GRATTA
HMM MM

A VOLTE SENTO CHE LA NOSTRA VITA E' DIVENTATA TROPPO COMPLICATA... CHE ABBIAMO SODDISFATTO TROPPO ESIGENZE...
BE', THOREAU DICE: "SEMPLIFICARE, SEMPLIFICARE". FORSE DOVREMMO FARLO.
MA COME?
ODIO QUANDO MI GUARDANO IN QUEL MODO.

PRONTO?
CIAO, PAPI! SONO IO, CALVIN.
CALVIN, A MENO CHE NON SIA UNA COSA **VERAMENTE** IMPORTANTE, ATTACCA! NON HO TEMPO!
OK, PAPI. CIAO.
LA COSA DOVREBBE DIVENTARE IMPORTANTE ENTRO UN QUARTO D'ORA.

CALVIN, TI HO DETTO DI METTERE IN ORDINE LA TUA STANZA!
L'HO **FATTO!**
BEH, NON HAI FATTO UN GRAN BEL LAVORO. E' IN DISORDINE COME PRIMA.
DOVRESTI ESSERE ORGOGLIOSO DI QUELLO CHE FAI, E FARLO SEMPRE AL MEGLIO.
NON HO BISOGNO DI FARE UN LAVORO MIGLIORE. HO BISOGNO DI MIGLIORI PIERRE PER IL LAVORO CHE **FACCIO.**

HUHH
UHH!
LA COSA NON AVREBBE IMPORTANZA SE FOSSE MIGLIORE COME STUDENTE.

calvin and HOBBES
by WATTERSON
ECCC, COMPRI A UN BAMBINO UN BEL LUCCHETTO COSTO-SC, E GUARDA QUA.

QUESTA RIUNIONE DEL CLUB TOP-SECRET P.A.R.V. (PROIBITO ALLE RAGAZZE VISCIDE) VIENE INDETTA DAL SUPREMO MONARCA E DITTATORE-A-VITA CALVIN!
UDITE! UDITE!
IL PRESIDENTE E PRIMA TIGRE HOBBES CI FARA' RAPPORTO SULLE PRESENZE.
TUTTI PRESENTI E AL LORO POSTO, SIGNORE!
ECCELLENTE! ORA IL SEGRETARIO GENERALE HOBBES CI DARA' L'ORA ESATTA.
SONO LE 10 E 32.
GRAZIE. E' L'ORA DEL RAPPORTO DEL CAPO-VEDETTA CALVIN!
CHE QUESTO E' UN GRANDE CLUB LO SI CAPISCE DALLA QUANTITA' DI FUNZIONARI.

CAPO-VEDETTA CALVIN A RAPPORTO.
QUALI NOVITA', VEDETTA?
IL NEMICO E' STATO INDIVIDUATO SUL MARCIAPIEDE, ALL'ALTEZZA DEL NUMERO CIVICO 2, SIGNOR PRESIDENTE!
IL NEMICO?
SUSIE DERKINS, UNA NOTA RAGAZZA! CONSIGLIO DI CREARE UN'UNITA' OPERATIVA!
L'OBIETTIVO?
SPIARLA!
SEMBRA RISCHIOSO, CI SONO VOLONTARI?

OK, ECCO IL NOSTRO PIANO. IO SARO' IL COMANDANTE. TU L'AGENTE SPECIALE INCARICATO DELLE MUNIZIONI.
RIEMPIREMO D'ACQUA UN PALLONCINO E SORPRENDEREMO SUSIE DA DIETRO!
IO FACCIO L'UFFICIALE CARTOGRAFO E PREPARO LA MAPPA DEI NASCONDIGLI!
SI'! E IO FACCIO L'ESPERTO DI CODICI E INVENTO UN CODICE INDECIFRABILE!
PRENDIAMO DEI FOGLI!
SPERO CHE SUSIE NEL FRATTEMPO NON SI MUOVA.
OK, QUI CI SONO GLI STATI UNITI...

ECCO! HO FINITO IL NOSTRO CODICE SEGRETO.
VEDIAMO.
HO ASSEGNATO A OGNI LETTERA UN NUMERO ASSOLUTAMENTE CASUALE, COSI' IL CODICE SARA' DI DIFFICILE DECIFRAZIONE. PER LA LETTERA "A" SI SCRIVE 3.004.572.688. "B" E' 28.731.569 1/2.
MI SEMBRA UN BUON CODICE.
ORA DOBBIAMO SOLO MEMORIZZARLO.
HAI FINITO LA MAPPA DEL VICINATO?
NON ANCORA. QUANTI MATTONI HA IL MARCIAPIEDE DI DESTRA?

ABBIAMO LA MAPPA, IL CODICE, IL GAVETTONE! ANDIAMO A BAGNARE SUSIE!
LA MAPPA DICE DI CORRERE PRIMA DIETRO AL GRANDE ALBERO.
POI AL CESPUGLIO DI FRONTE!
ORA AL FOSSATO DI DIETRO.
ORA ALL'ALBERO DAVANTI!
E' PER FAR PERDERE LE NOSTRE TRACCE... NEL CASO CHE QUALCUNO CI SEGUA.
TI MANDO UN MESSAGGIO IN CODICE. COME SI SCRIVE "PISQUANO"?

ECCOCI NEL VIALETTO DI SUSIE.
MA DOV'E' SUSIE? NON LA VEDO!
ARGHH! CI DIAMO TANTO DA FARE PER PREPARARE L'ATTACCO, E LEI COSA FA? SI SPOSTA! TUTTI I NOSTRI PIANI VANIFICATI! UNA MATTINA INTERA ROVINATA!
FORSE E' SOLO ANDATA A MANGIARE. VEDI, HA LASCIATO DEI GIOCATTOLI, QUINDI PROBABILMENTE TORNERA'!
CIO' MI SUGGERISCE UN'IDEA GRANDIOSA!
UH OH.

COSA FAI? E' LA BAMBOLA DI SUSIE.
LO SO. LA PORTIAMO VIA.
MA NON POSSIAMO. SAREBBE UN *RAPIMENTO!*
MA VA'.
GLIELA RENDEREMO?
SE PAGA IL RISCATTO!

EHI, DOV'E' PRISCILLA?
SO DI AVERLA LASCIATA QUI. CHE L'ABBIA *PRESA* QUALCUNO?
LE ALTRE COSE SONO QUI. DOV'E' ANDATA LA MIA BAMBOLA?!
Se vuoi VEDEre ancora la tua Bambola
MI E' SEMPRE PIACIUTO RITAGLIARE.
QUANTO CHIEDIAMO? CENTO DOLLARI?

MAMMA, NON TROVO LA MIA BAMBOLA... L'HAI VISTA PER CAS...
DING DONG
MMM, NON C'E' NESSUNO. COS'E' QUESTA BUSTA?
"SUSIE, SE VUOI VEDERE ANCORA LA TUA BAMBOLA LASCIA $100 IN QUESTA BUSTA SOTTO L'ALBERO DI FRONTE. NON POTRAI MAI RINTRACCIARCI."
"CORDIALMENTE, CALVIN."

E' UN RICATTO! QUELL'INFAME CALVIN MI HA RAPITO LA BAMBOLA E VUOLE $100 PER RENDERMELA!
CHE NERVI! NON LA PASSERA' LISCIA QUEL... QUEL...
UN MOMENTO! C'E' QUALCOS'ALTRO QUI DENTRO.
UNA FOTO DI PRISCILLA LEGATA A UNA SEDIA!
COME LI SPENDERAI I TUOI $50?
CHE FORZA!
CAMMINIAMO MOLTO DISINVOLTI PER IL SENTIERO E VEDIAMO SE SUSIE HA GIA' MESSO LA BUSTA.
BENE!
BELLA GIORNATA PER PASSEGGIARE, VERO HOBBES? MI GODRO' IL POMERIGGIO!
SI', MOLTO TONIFICANTE!
GUARDA! GUARDA! LA BUSTA C'E'. SIAMO RICCHI!
CAVOLI! ANDIAMO A PRENDERLA!
VIENI, CAROGNONE, VIEEENI...
NON VEDO SUSIE. E TU?
GUARDA SE VEDI SUSIE, INTANTO CHE IO CONTO IL DENARO!
EHI, QUI NON CI SONO SOLDI! C'E' SOLO UN BIGLIETTO!
DICE: "ADESSO SIAMO PARI!" COME "PARI"?!? CHE COSA SIGNIFICA?!?
HOBBES? HOBBES!

TORNA QUI CON HOBBES! METTILO GIÙ! HOBBES, MORDILA! MORDILA!
AH AH! GNAAA! GNAAA!
SLAM
VATTENE DALLA NOSTRA PORTA CON QUEL TRAPANO!

OOOH, QUELLA DANNATA SUSIE! LA ODIO! SARA' MEGLIO CHE LIBERI HOBBES!
OK, HO RAPITO LA SUA STUPIDA BAMBOLA! NON C'ERA BISOGNO DI RICAMBIARE! NON SA STARE ALLO SCHERZO?!
LE RAGAZZE NON HANNO SENSO DELL'UMORISMO! ECCO IL PROBLEMA!
ERA MOLTO DIVERTENTE FINCHE' NON HA FATTO LA STESSA COSA A ME.

E VA BENE, SUSIE, TI HO PORTATO LA TUA STUPIDA BAMBOLA! ADESSO LASCIA USCIRE HOBBES, OK?
NON SO, CALVIN. PREFERISCO TENERMI LA TUA TIGRE. TU PUOI TENERTI PRISCILLA.
AAHH! NON VOGLIO UNA BAMBOLA! E' TUA, PRENDILA!
OH, TI PIACERA'! PUOI COMPRARLE UN SACCO DI ABITI CARINI!
NO! NO! VOGLIO HOBBES! RIPRENDITELA!
MA PENSO CHE HOBBES PREFERISCA STARE CON ME.
NON È VERO!

SENTI, SUSIE, TI DO LA TUA BAMBOLA E 25 CENTESIMI. E' TUTTO QUELLO CHE HO. ORA MI DAI HOBBES?
E VA BENE. LA PROSSIMA VOLTA LASCIA STARE LA MIA ROBA. OK?
SI'! CERTO!
CAROGNA.
CHE RAZZA DI TIGRE SEI?! NON L'HAI NEMMENO DIVORATA! CHE COSA HAI FATTO LI'?!
TI PIACEREBBE SAPERLO, EH?

DEVO PROPRIO DIRLO, HOBBES. NON DEPONE CERTO BENE PER IL NOSTRO CLUB CHE LA PRIMA TIGRE SIA STATA PRIGIONIERA VOLONTARIA DEL NEMICO.
PRRR!
ABBIAMO RAPITO LA SUA BAMBOLA, E IO SONO QUELLO CHE HA PAGATO IL RISCATTO! E' UNO SCHIFO!
15 NOTE DI BIASIMO PER AVER INFANGATO LA REPUTAZIONE DEL CLUB, PIU' 15 PER CONDOTTA INDECOROSA E UNA CENSURA NELL'ALBO DEL CLUB PER NON AVER DIVORATO SUSIE QUANDO NE AVEVI L'OCCASIONE. ALTRO?
LE HO QUASI SVELATO IL NOSTRO CODICE QUANDO MI HA FATTO I GRATTINI SULLA PANCIA!
SANTA POLENTA! MA DA CHE PARTE STAI?!

CHE TRISTE CAPITOLO DELLA STORIA DEL P.A.R.V.! LA PRIMA TIGRE HOBBES, TRADITRICE DELLA CAUSA!
TI POTRA' INTERESSARE SAPERE CHE DOPO AVER OTTENUTO LA FIDUCIA DI SUSIE, HO SPIATO.
SPIATO? ERI UNA SPIA?!
HO LETTO UNA PAGINA DEL DIARIO DI SUSIE.
WOW! IN PIENO TERRITORIO NEMICO, HAI INTERCETTATO UN MESSAGGIO SEGRETO? COSA DICEVA?
DICEVA "CALVIN HA LA FACCIA DI UN MAIALE PUZZOLENTE"!
ALLORA IL NOSTRO CLUB E' UN SUCCESSO! BEL LAVORO, HOBBES! PROMOZIONI PER TUTTI! BENTORNATO!

Calvin and Hobbes
by WATTERSON
HO FATTO UN PUNTO!
OK, SIAMO OOGY A BOOGY.
IO AVEVO GIA' OOGY!
STAI ENTRANDO NEL SETTORE INVISIBILE! DEVI COPRIRTI GLI OCCHI PERCHE' ORA TUTTO E' INVISIBILE PER TE!
SETTORE INVISIBILE?! NON SAPEVO CI FOSSE UN SETTORE INVISIBILE? DOV'E'?
aREa Salti
NON PUOI VEDERLO! E' INVISIBILE!
MA COME FACCIO A SAPERE SE CI SONO DENTRO?
NON PUOI VEDERE NIENTE, VERO?
OK, COME FACCIO A USCIRNE?
QUALCUNO TI COLPISCE CON LA CALVINBALL! HO FATTO UN ALTRO PUNTO!
EHI! OW!
PERCHÉ TU...!
E' UNA REGOLA DEL CAVOLO! IO DECIDO CHE NON CI SONO PIU' SETTORI INVISIBILI! ORA TI FACCIO VEDERE! SEI APPENA ENTRATO IN UN VORTICE! DEVI GIRARE SU TE STESSO FINCHE' NON CADI!
SPIACENTE. QUESTO VORTICE E' NELLA ZONA BOOMERANG, QUINDI IL VORTICE TORNA SU CHI L'HA CHIAMATO! GIRA TU!
NON È GIUSTO!
CONOSCI LE REGOLE DEL CALVINBALL.
GIA', GIA'. BEH, ME LA PAGHERAI.
QUESTO GIOCO SI PRESTA AD ALCUNI ABUSI.
INDOVINA COME SI ESCE DALLA ZONA BOOMERANG!

MI AIUTI CON QUESTO COMPITO? QUANTO FA 6+3?
6+3, EH? BEH, E' UN BEL PROBLEMA.
PER PRIMA COSA CHIAMIAMO LA RISPOSTA "Y". ORA Y POTREBBE ESSERE UN NUMERO QUADRO, QUINDI DISEGNAMO UN QUADRATO E CHIAMIAMO QUESTO LATO 6 E QUESTO 3. POI MISURIAMO LA DIAGONALE.
Y
2
6
3
NON RICORDO CHE LA MAESTRA ABBIA SPIEGATO QUESTO.
PROBABILMENTE NON CONOSCE LA MATEMATICA PIU' ALTA. QUANDO SI TRATTA CON NUMERI ALTI, CI VUOLE UNA MATEMATICA PIU' ALTA.
MA QUESTA DIAGONALE E' APPENA PIU' PICCOLA DI DUE.
OK, NE DISEGNO UNA PIU' GROSSA.

EHI, NIENTE FUMETTI FINCHE' NON HAI FINITO I COMPITI.
MA LI HO FINITI.
NON CI HAI MESSO MOLTO. HAI FATTO UN BUON LAVORO?
HO FATTO UN LAVORO PERFETTO. QUANDO SI E' TANTO AVANTI RISPETTO AL RESTO DELLA CLASSE NON CI VUOLE MOLTO.
BEH, LO VEDO QUANDO TORNO DALLA RIUNIONE DI CLASSE DELLA SIGNORA VERMONI.
VAI A PARLARE CON LA MIA MAESTRA?
SONO CERTA CHE SARA' MOLTO INTERESSANTE.
HO DIMENTICATO DI DIRTELO! LA SIGNORA VERMONI HA DETTO CHE SONO STATO TALMENTE BUONO CHE NON C'ERA BISOGNO DI SCOMODARTI.

ODDIO! LA MAMMA E' ANDATA ALLA RIUNIONE DELLA MAESTRA! SONO UN UOMO MORTO! LA SIGNORA VERMONI RACCONTERA' DELLE STORIE ORRIBILI SUL MIO CONTO.
STORIE ORRIBILI?
TUTTA QUESTIONE DI PROSPETTIVA. COMUNQUE PENSO CHE DOVREBBE ESSERE CONSENTITO AL MIO AVVOCATO DI PRESENZIARE ALLA RIUNIONE.
COSA DIRAI ALLA MAMMA QUANDO TORNA?
NIENTE.
ASSOLUTAMENTE NIENTE?
SE PENSI CHE INTENDA STARE QUI SEI COMPLETAMENTE PAZZO!

SONO A CASA.
COM'E' ANDATA LA RIUNIONE A SCUOLA?
BE', QUANDO SIAMO ENTRATI IN CLASSE ABBIAMO VISTO CHE TUTTI I BAMBINI AVEVANO DISEGNATO IL LORO AUTORITRATTO E LO AVEVANO LASCIATO SUL BANCO IN MODO CHE I GENITORI RICONOSCESSERO IL LORO POSTO.
CHE IDEA CARINA. HAI TROVATO QUELLO DI CALVIN?
C'ERA UN DISEGNO DI UN BAMBINO VERDE CON LE ZANNE, SEI OCCHI E UN DITO NEL NASO.
UH OH.
DOPO DI CHE E' STATO UN CRESCENDO.

CALVIN, IO...
GASP!
SEI GIA' A CASA? NON HO NEMMENO FINITO DI... UHM...
BUGIE! TUTTO CIO' CHE TI HA DETTO LA SIGNORA VERMONI SU DI ME SONO BUGIE! IO NON LE PIACCIO! LEI ODIA I BAMBINI! NON E' COLPA MIA! IO NON C'ENTRO!
TI HA PARLATO DEGLI SPAGHETTI, VERO? NON SONO STATO IO! NESSUNO MI HA VISTO! MI HANNO INCASTRATO! NON FAREI MAI UNA COSA DEL GENERE! SONO INNOCENTE!
QUALI SPAGHETTI?
OH... UH... AH! HO DETTO SPAGHETTI? DEVI AVER SENTITO MALE. NON HO DETTO SPAGHETTI.

OK, CALVIN, CONTROLLIAMO IL TUO COMPITO DI MATEMATICA.
NON FACCIAMOLO E DICIAMO CHE L'ABBIAMO FATTO.
LA TUA MAESTRA DICE CHE DEVI APPLICARTI DI PIU'. SIEDITI.
DI PIU'? MI SONO APPLICATO PER 10 MINUTI DI FILA! 10 MINUTI SPRECATI! BUTTATI VIA!
HAI SCRITTO 8+4 = 7. E' SBAGLIATO.
SONO STATO UN PO' IMPRECISO, SCUSA.
NON PUOI AGGIUNGERE QUALCOSA E RITROVARTI CON MENO DI QUEL CHE AVEVI ALL'INIZIO!
INVECE POSSO! E' UN PAESE LIBERO! HO I MIEI DIRITTI!

COMINCIAMO DALL'INIZIO. QUANDO AGGIUNGI QUALCOSA TU AUMENTI QUELLO CHE HAI.
NON VOGLIO IMPARARLO! E' ASSOLUTAMENTE IRRILEVANTE PER LA MIA VITA!
NON E' VERO. TUTTI DEVONO SAPERLO.
IO NO! ME LA CAVERO' SENZA LA MATEMATICA.
AH SI'? E COSA VUOI FARE DA GRANDE? TUTTI I LAVORI RICHIEDONO UN PO' DI MATEMATICA!
NON E' VERO! IO FARO' IL... IL...
... L'UOMO DELLE CAVERNE! SI'!
NON E' UN VERO LAVORO.

VEDIAMO SE COSI' HA PIU' SENSO. IO HO OTTO PENNY. TE NE CHIEDO ALTRI QUATTRO.
SCORDATELO. SEI TU QUELLO CHE HA UNO STIPENDIO FISSO.
DAMMELI PER UN ATTIMO. QUANTI SOLDI HO ADESSO?
COMPRESI GLI INVESTIMENTI?
NO, SOLO QUI SUL TAVOLO.
OTTO CENTESIMI.
NO. OTTO PIU' QUATTRO FA DODICI. VISTO? CONTALI.
MA QUEI QUATTRO SONO MIEI!

COM'E' ANDATA LA LEZIONE DI MATEMATICA.
BENE. PENSO CHE CALVIN ORA ABBIA CAPITO.
GLI HO FATTO VEDERE CHE AGGIUNGENDO E SOTTRAENDO DEI PENNY CAMBIA LA QUANTITA' DI DENARO CHE AVEVO.
MAGARI A SCUOLA ANDRA' MEGLIO ORA.
PENSO DI SI'. ALLA FINE CI AVEVA PRESO GUSTO.
ORA DAMMI ALTRI CINQUE CENT E VEDIAMO CHE COS'HO.
ASPETTA UN MOMENTO.

GENTE, MI SENTO LUCIDISSIMO! CONOSCO LA MATERIA A MENADITO! SONO PRONTO A TUTTO!
SPERO CHE LA MAESTRA MI CHIAMI! SPERO DI DOVER DIMOSTRARE UN PROBLEMA ALLA LAVAGNA! IMPRESSIONERO' TUTTI!
ECCO SUSIE. TIENINE UNA COPIA E PASSA IN GIRO LE ALTRE.
CHE COS'E'?
UN QUIZ DI MATEMATICA.
EVVAI!

NON TENTARE DI COPIARE I MIEI RISULTATI, CALVIN.
AH! E CHI NE HA BISOGNO? PRENDERO' UN VOTO MIGLIORE DEL TUO.
TU?! SARA' FACILE!
SCOMMETTO 25 CENTESIMI CHE IO FARO' MEGLIO DI TE.
AFFARE FATTO.
POTRESTI DARMI I SOLDI SUBITO ED EVITARE L'UMILIAZIONE DOPO.
CHE NE DICI DI AUMENTARE LA POSTA?
SI'! FACCIAMO IL DOPPIO: 35 CENT.

CHE FORZA! NON SOLO FARO' UN COMPITO PERFETTO, MA VINCERO' VENTICINQUE CENT DA SUSIE!
OK! IL PRIMO PROBLEMA E' 6+5. OH, FACILE! LA RISPOSTA E'... UM...
... UMMMMMMM...
UMMMM MMMM
CON UN QUIETO RONZIO L'INCREDIBILE ASTRONAUTA SPIFF SI AVVICINA AL SESTO PIANETA DEL SISTEMA MYSTERIO!

UNA PICCOLA ASTRONAVE ROSSA PERFORA LA COLTRE DI NUBI CHE AVVOLGE IL PIANETA 6!
AI COMANDI CHI ALTRI C'E' SE NON IL NOSTRO EROICO ASTRONAUTA SPIFF?
MENTRE GUIDA RIFLETTE SULLA SUA STRANA MISSIONE...
Quiz:
1. 6+5= ___
... QUELLA DI FAR COLLIDERE I DUE PIANETI 6 E 5!
SPIFF, IN MISSIONE PER SCOPRIRE COSA SUCCEDE QUANDO DUE PIANETI COLLIDONO, GETTA L'ANCORA!
L'ANCORA TIENE E SPIFF DA' GAS AL MOTORE!
IMPERCETTIBILMENTE IL PIANETA COMINCIA A MUOVERSI TRASCINATO DAL NOSTRO EROE. FINCHE'...
... USCENDO DALLA SUA ORBITA, IL PIANETA 6 ACQUISTA VELOCITA' IN DIREZIONE DEL PIANETA 5!
TIRATO DALL'ASTRONAUTA SPIFF, IL PIANETA 6 STA PER COLLIDERE CON IL PIANETA 5!
SENZA POR TEMPO IN MEZZO, IL NOSTRO EROE MOLLA L'ANCORA E VOLA VIA!
I PIANETI SI SCONTRANO CON UNA FORZA DEVASTANTE! IL PIANETA 5, ESSENDO PIU' PICCOLO, VIENE POLVERIZZATO! RESTA SOLO IL 6!
6+5= 6
TEMPO! CONSEGNATE I COMPITI.
TEMPO?! HO FINITO SOLO IL PRIMO PROBLEMA!

COM'E' POSSIBILE?! DOV'E' ANDATO IL TEMPO? HO FINITO SOLO IL PRIMO PROBLEMA!
ASPETTA! ASPETTA! METTO I RISULTATI A CASO! MAGARI QUALCUNO SARA' GIUSTO! 15! 104! 3! 27!
SU, CALVIN! IL TEMPO E' SCADUTO.
SIGHHHH
RICORDATI CHE ABBIAMO SCOMMESSO SU CHI PRENDEVA IL VOTO PIU' ALTO!
LA SCOMMESSA E' ANNULLATA. IO NON GIOCO PIU'!

IO HO PRESO "OTTIMO".
HAI PRESO "OTTIMO"?
E TU COSA HAI PRESO? SE HAI SBAGLIATO QUALCOSA MI DEVI 25 CENT.
SONO ANDATO FUORI TEMPO. AVREI PRESO ANCH'IO "OTTIMO" SE AVESSI AVUTO QUALCHE MINUTO IN PIU'!
COS'HAI PRESO?
E' UNA COSA ***BIOLOGICA!*** LE RAGAZZE MATURANO PRIMA DEI RAGAZZI! HAI FINITO PRIMA PERCHE' SEI UNA RAGAZZA! NON E' GIUSTO!
PAGA.
MAGARI OGGI E' UN GIORNO AL CONTRARIO! MAGARI LE MIE RISPOSTE SONO GIUSTE E IL TUO "OTTIMO" E' UN "INSUFFICIENTE", DEV'ESSERE COSI'!

COM'E' ANDATO IL COMPITO DI MATEMATICA?
DA CANI... MA SOLO PERCHE' NON HO FINITO IN TEMPO!
IL PEGGIO E' CHE SUSIE DERKINS HA VINTO LA SCOMMESSA E HO DOVUTO PAGARE 25 CENTESIMI.
MA L'HO FREGATA! LE HO DATO SOLO MEZZO DOLLARO! AH!
PENSO CHE DOVRESTI STUDIARE DI PIU'!
OH, NON COMINCIARE ANCHE ***TU.***

CALVIN AND HOBBES
by WATTERSON
PULSANTI... OK, QUADRANTI... OK, INTERRUTTORI... OK, LUCINE COLORATE... OK.
CALVIN, IL PILOTA DELLE LINEE AEREE E' IN DECIMA FILA PER IL DECOLLO! LA SUA PAZIENZA E' AL LIMITE!
IGNORANDO LE PROTESTE DELLA TORRE DI CONTROLLO, CALVIN ACCENDE I MOTORI E SORPASSA GLI ALTRI AEREI, TAGLIANDO ATTRAVERSO LE PISTE MENO AFFOLLATE!
NEL GIRARE UN ANGOLO, DA' GAS! LE HOSTESS CHE STANNO SPIEGANDO LE NORME DI SICUREZZA VENGONO SCARAVENTATE IN FONDO ALL'AEREO DALL'IMPROVVISA ACCELERAZIONE.
TUTTI GLI ALTRI AEREI OSSERVANO INVIDIOSI CALVIN SBATTERSENE DEL REGOLAMENTO!
MA QUESTO COS'E'?! UN ALTRO AEREO HA APPENA RICEVUTO IL PERMESSO DI ATTERRARE SULLA STESSA PISTA!
HA TUTTA L'ARIA DI UNA COLLISIONE A MEZZ'ARIA SOPRA UNA SUPERSTRADA IN ORA DI PUNTA! PAGHERA' CARA LA SUA FRETTA!
ECCOMI DI RITORNO! GRAZIE PER AVER ASPETTATO CON PAZIENZA.
AVREI POTUTO ASPETTARE ANCHE DI PIU' SE TU MI AVESSI COMPRATO UN TERZO AEREO.

Calvin and HOBBES
by WATTERSON
UH OH, ARRIVA SUSIE.
CERCA DI NON RESPIRARE.
ECCO, CALVIN.
CHE COS'E'?
E' UN INVITO. TRA DIECI MINUTI IL CONIGLIETTO DA' UN PARTY COI BISCOTTI, E TU E HOBBES SIETE INVITATI.
RIFIUTIAMO!
NON VERREMMO NEMMENO SE CI PAGASSI! ABBIAMO DI MEGLIO DA FARE CHE STAR SEDUTI INSIEME A BAMBINE E A STUPIDI PELUCHE!
BENE! NON VENITE! CHE M'IMPORTA?!
CHE ODIOSO... E MI SONO DATA TANTO DA FARE.
NON ESSERE DELUSO, CONIGLIETTO. CI DIVERTIREMO PER CONTO NOSTRO.
PFUI.
AH! LE ABBIAMO FATTO VEDERE! TUTTE LE BAMBINE DOVREBBERO ESSERE SPEDITE SU PLUTONE. IO LA PENSO COSI'.
CHISSA' CHE TIPO DI BISCOTTI C'ERANO.
SIETE VENUTI!
NOI NON PARTECIPIAMO AI PARTY. NOI CI IMBUCHIAMO!

GUARDA, HOBBES. MI SONO FATTO UNO SCHERMO TELEVISIVO COL CARTONCINO.
LO METTO COSI' ED E' COME SE FOSSI IN TV.
UNO SPETTACOLO TUTTO TUO!
PECCATO CHE NON POSSO ENTRARE OGNI GIORNO IN MILIONI DI CASE!
IN COMPENSO IN QUESTA CASA NESSUNO MI PUO' SPEGNERE!
WATTERSON

CHE EFFETTO FA ESSERE IN TV?
FANTASTICO!
ADESSO CHE SONO IN TELEVISIONE SONO DIVERSO DAGLI ALTRI! SONO FAMOSO! IMPORTANTE!
DATO CHE TUTTI MI CONOSCONO, OGNI MIA AZIONE FA NOTIZIA. SONO UN'ICONA CULTURALE.
PENSO CHE LA TUA ANTENNA VADA SISTEMATA.
ATTENTO, ORA USERO' IL MIO PRESTIGIO PER PUBBLICIZZARE UN PRODOTTO!
WATTERSON

SALVE, SONO CALVIN E SONO QUI PER PARLARVI DELLE NUOVE "BOMBE AL CIOCCOLATO"! IO LE ADORO!
SONO CROCCANTI FUORI, MORBIDE DENTRO, FATTE CON INGREDIENTI NATURALI E RICCHE DI VITAMINE ESSENZIALI. E CHE SAPORE! MMM-MMM!
SI', BAMBINI, VI PIACERANNO TANTO CHE NON POTRETE PIU' FARNE A MENO! RICORDATE! MI HANNO PAGATO PER PUBBLICIZZARLE PERCHE' SONO FAMOSO!
CHE NE DICI? NON STAI PIU' NELLA PELLE DALLA VOGLIA DI ASSAGGIARLE? IN CASO CONTRARIO POSSO RIMETTERE IL MESSAGGIO OGNI VENTI MINUTI.
NON E' IL CASO CHE MI MINACCI.
WATTERSON

CIAO, MAMMA! HO IL MIO PROGRAMMA TELEVISIVO.
CARINO.
ECCO CAAALVIN! STUPEFACENTE CAAALVIN! CALVIN IL PRODIGIOSO! CALVIN MERAVIGLIOSO! LA DA TA DA DAAAAAA!
GRAZIE! GRAZIE! CHE ACCOGLIENZA! GRAZIE! AH AH! NO, DAVVERO, SEDUTI! GRAZIE!
CAMBIO CANALE. OK?
SPIACENTE, APPAIO A RETI UNIFICATE.

DOV'E' IL TUO SCHERMO TELEVISIVO?
LA MIA TRASMISSIONE E' STATA SOPPRESSA.
PAPA' HA DETTO CHE IN CASA BASTA UNA TELEVISIONE E HA PREFERITO QUELLA COL CONTROLLO DEL VOLUME.
FORSE POTRESTI APPARIRE VIA CAVO.
HO UN'IDEA PER UNA SOAP OPERA INTITOLATA "PADRE DI UN GENIO!".

CHE CAVOLATA! DICONO CHE UNENDO I PUNTINI APPARIRA' UN DISEGNO. L'HO FATTO E GUARDA CHE PASTICCIO!
FORSE DEVI UNIRLI SEGUENDO LA NUMERAZIONE.
OH.
TUTTO DEVE AVERE REGOLE, REGOLE, REGOLE!

Calvin and Hobbes
by Watterson
BENE! BURRO DI ARACHIDI!
... ALMENO COSI' SEMBRA.
HAI VISTO?
MMM. COSA?
IL MIO PANINO SI E' MOSSO! C'E' DENTRO QUALCOSA DI VIVO!
OH, PIANTALA, CALVIN.
NON STO SCHERZANDO! LA MAMMA STA CERCANDO DI UCCIDERMI! SCOMMETTO CHE C'E' UNA LUMACA NEL MIO BURRO DI ARACHIDI.
BLEAH!
MMM... NON SENTO LUMACHE QUI DENTRO. COSA PUO' MAI ESSERE? MEGLIO CHE LO ANNUSI.
AUGH! MI HA PRESO IL NASO! È IL BURRO CHE È VIVO!
STA STRISCIANDOMI SULLA FACCIA! MI SUCCHIERÀ GLI OCCHI! AIUTO!
RRGH! NMF! BLRGHGH!
CE L'HO FATTA! PRESTO! ANNEGHIAMOLO NELLA CIOCCOLATA!
L'HO SCAMPATA BELLA! LA MAMMA SARA' DELUSA CHE IL SUO PICCOLO COMPLOTTO SIA STATO SVENTATO!
GUARDATI! NON HO MAI VISTO NIENTE DI PIU' RIVOLTANTE!
VADO A MANGIARE DA QUALCHE ALTRA PARTE.
COME SONO STRANE LE RAGAZZE.

Calvin and HOBBES
by WATTERSON
!
OK. HO APERTO LA PORTA DELLA TUA CAMERA. QUALE SAREBBE LA GROSSA SORPRESA?
UH... NIENTE. PROVA AD APRIRE L'ARMADIO.

33... 27... 18...
PRESA!
AUGHH!
NON FARO' MAI CARRIERA NELLO SPORT FINCHE' NON IMPARERO' A SOPPRIMERE IL MIO ISTINTO DI SOPRAVVIVENZA.
META!

ACCORDI NEGOZIATI. ECCO DI COS'HA BISOGNO QUESTO GIOCO.

COME MAI ***SEI TU*** QUELLO CHE VA A LAVORARE E NON LA MAMMA?
BEH, LA MAMMA UNA VOLTA ***LAVORAVA,*** MA QUANDO SEI ARRIVATO TU, QUALCUNO DOVEVA STARE A CASA.
IL LAVORO DELLA MAMMA IMPLICAVA UN SACCO DI FASTIDI E DI STRESS...
... E VOLEVA LASCIARLO?
NO, ERA ABITUATA, QUINDI ABBIAMO PENSATO CHE FOSSE LA PERSONA ADATTA A...
EHI!

Calvin and HOBBES
by WATTERSON
TESTA.
COSA VUOI?
HO DETTO TESTA.
HAI DETTO "CROCE", VERO?
CHE GIOCO! TI CI SONO VOLUTI QUATTRO DOWN SOLO PER TORNARE SUL CAMPO!
PENSO CHE IL FOOTBALL SIA UNO SPORT ESATTAMENTE COME LE ANATRE PENSANO CHE SIA UNO SPORT LA CACCIA.

Scendi dall'altalena o ti spacco la faccia.
Che fifone! Ah!
FRA MOLTI ANNI, QUANDO SARO' RICCO E FELICE... E LUI SARA' IN PRIGIONE... SPERO DI NON ESSERE TROPPO MATURO PER GONGOLARE.

FAMMI UN BEL SORRISO. COSI'. NON FARE SMORFIE, OK? PRONTO? UNO... DUE... TRE...
CLICK.
CLICK.
CLICK

OH, GRANDE ALTARE DELL'INTRATTENIMENTO PASSIVO...
RIVERSA SU DI ME LE TUE DISCORDANTI IMMAGINI A TALE VELOCITA' DA RENDERE IMPOSSIBILE IL PENSIERO LINEARE!

Calvin and HOBBES by WATTERSON
LAGGIU', NEI PIU' LONTANI SPAZI DELLA GALASSIA...
... VA A TUTTA VELOCITA' QUEL FULGIDO ESEMPIO DI SPIRITO E CORAGGIO, LO SPETTACOLARE ***ASTRONAUTA SPIFF!***
L'AUDACE ASTRONAUTA SPIFF ATTERRA PER ESPLORARE UN NUOVO PIANETA!
IL PIANETA APPARE DISABITATO. L'UNICO SEGNO DI VITA E' UNO STRANO LICHENE CHE CRESCE SULLE ROCCE.
NOTANDO LA STRUTTURA GEOMETRICA DEL LICHENE, SPIFF SI CHINA PER DARE UN'OCCHIATA DA VICINO.
NON E' UN LICHENE! SONO ALBERI MINUSCOLI DI UN PAESE MINUSCOLO!
SCRUTANDO IN GIRO, IL NOSTRO EROE VEDE UNA CITTA', CON GRATTACIELI ALTI 2 CENTIMETRI! DOPOTUTTO IL PIANETA NON E' DISABITATO!
SPIFF RIFLETTE CHE LA DIMENSIONE UMANA NON E' UNO STANDARD PER TUTTE LE FORME DI VITA.
MENTRE STA PER TORNARE AL PUNTO DI PARTENZA, UN ENORME MOSTRO APPARE DIETRO LA COLLINA!
Ehi, guardate il piccoletto! Gioca con i suoi compagni insetti! Ah ah!
E' UN *Babbeus Ignorantus!* IL NOSTRO EROE SI AVVICINA PIANO AL SUO RAGGIO STORDENTE!

SONO LE OTTO E DOBBIAMO GIA' ANDARE A LETTO.
QUALCUNO STA SPERPERANDO LA MIA VITA. NON RIESCO MAI A FARE QUELLO CHE VOGLIO IO.
COSA FARESTI SE POTESSI STARE ALZATO?
NON SO... QUALCOSA DI DIVERTENTE! QUELLO CHE FANNO PAPA' E MAMMA!

QUELL'AMMASSO DI STELLE E' LA NOSTRA GALASSIA, IL NOSTRO SISTEMA SOLARE E' ALLA SUA ESTREMITA'.
VENIAMO TRASPORTATI ATTRAVERSO UN'INCOMPRENSIBILE OSCURITA'. IN TERMINI COSMICI SIAMO PARTICELLE SUBATOMICHE DI UN GRANELLO DI SABBIA DI UNA SPIAGGIA INFINITA.
CHISSA' COSA C'E' ALLA TIVU' ADESSO.

TUTTI MI DANNO PER SCONTATO! NESSUNO FA ATTENZIONE ALLE MIE NECESSITA'!
E' TROPPO CHIEDERE UN OCCASIONALE GESTO DI APPREZZAMENTO?
OK, LO VUOI UN ABBRACCIONE?
POSSO AVERE VENTI DOLLARI?
VISTO?! NESSUNO SI CURA DI ME! NON INTERESSO A NESSUNO!

Calvin and HOBBES
by WATTERSON
Fig. 1
Fig. 2.
Fig. 3.
DIAVOLO, IO POSSO DISEGNARE MEGLIO DI COSI'!
VIENI, HOBBES, HO DECISO DI DIPINGERE LA NATURA SELVAGGIA! PUOI POSARE PER ME.
CASPITA! AVRO' UN RITRATTO!
QUESTO MI SEMBRA UN BUON POSTO. METTITI SU QUELLA ROCCIA.
VAN GOGH AVREBBE VENDUTO MOLTISSIMI QUADRI SE CI AVESSE MESSO DELLE TIGRI.
OK, TU SEI IL SIGNORE DELLA GIUNGLA! DAL TUO PIEDISTALLO SORVEGLI IL TUO TERRITORIO CON LA QUIETA CONFIDENZA E L'OCCHIO VIGILE CHE TI SONO PROPRI!
COSI'?
NO, NON ESATTAMENTE!
COSI'?
TROPPO FORMALE. PROVIAMO UNA POSA IN CUI LA FEROCE TIGRE SI RIPOSA, DOPO AVER UCCISO LA PREDA
COM'E' QUESTA?
NO, NO.
ORA?
NON FUNZIONA PER NIENTE!
CHE NE DICI DI QUESTA?
SÌ! FERMO! FERMO COSÌ!
CAVOLI, NON PENSAVO CHE FOSSE TANTO DIFFICILE. SEMBRI UNO STUPIDO ALCE.
NOTA CHE SONO PIU' UN GIALLO OCRA CHE UN ARANCIO BRILLANTE.

HOBBES, PENSI CHE LA NOSTRA MORALITA' SIA DEFINITA DALLE NOSTRE AZIONI O DA QUEL CHE C'E' NEL NOSTRO CUORE?
PENSO CHE LE NOSTRE AZIONI *MOSTRINO* QUEL CHE C'E' NEL NOSTRO CUORE.
MI SONO OFFESO!

DICONO CHE VINCERE NON E' TUTTO E HO DECISO DI PRENDERLI IN PAROLA!

SONO *SALDO* NELLE MIE CREDENZE! *RIFIUTO* DI COMPROMETTERE I MIEI PRINCIPI!
!
NON HO *BISOGNO* DI COMPROMETTERE I MIEI PRINCIPI PERCHE' NON HANNO LA MINIMA RELAZIONE CON QUEL CHE COMUNQUE MI SUCCEDE.

CALVIN and HOBBES
by WATTERSON
COME VA IL TUO COMPITO DI MATEMATICA?
AUGH!
BENE!
..SIGHHHH..
RGHHH!
GRRR
YIPE!
RGHH RRGH!
YIPE! YIPE!
SNAP
AIEE!
SNAP
SNAP
EEK! EEK!
CRUNCH
URRPP
AUGH!
YAA!
IL LIBRO TI HA MANGIATO IL COMPITO, MMM? QUESTA E' NUOVA.
SONO FORTUNATO A ESSERE ANCORA VIVO! HO DOVUTO ROMPERGLI LA COSTA!

VROOM
VROOOM
RRR
VROOM
VROOOOM
AUGHH!
MI IMPORTEREBBE MENO SE NON TENESSE UN DIARIO.
SEI STATO "MOLTO SORPRESO" O "**COMPLETAMENTE** SORPRESO"?

GUARDA, MAMI. HO FATTO UNA MASCHERA.
TI STAI PREPARANDO PER HALLOWEEN?
NO, QUESTA E' PER TUTTI I GIORNI. SAI CHE HOBBES MI SALTA SEMPRE ADDOSSO DI SORPRESA?
NO...
BE', LO FA, MA SE TI METTI UNA MASCHERA DIETRO LA TESTA, LE TIGRI NON SANNO QUAL E' IL DAVANTI E NON POSSONO ASSALIRTI.
CERTO CHE NE HAI DI FANTASIA.
HO LETTO CHE FANNO COSI' IN INDIA. C'E' UNA MASCHERA ANCHE PER TE.

ECCO, PAPI, TI HO FATTO UNA MASCHERA COME LA MIA. E' PER PREVENIRE GLI ATTACCHI TIGRESCHI.
UM...
LE TIGRI CERCANO DI ASSALIRTI DA DIETRO, MA CON LA MASCHERA SI TROVANO DISORIENTATE. L'HO LETTO IN UN LIBRO.
APPREZZO IL PENSIERO, MA NON INTENDO AVERE L'ASPETTO DI UN PAZZO.
OK, SE PREFERISCI AVERE L'ASPETTO DI UN HAMBURGER CRUDO, ACCOMODATI.
DOVE SONO LE PILLOLE PER IL MAL DI TESTA?

ECCOTI QUA, FURBACCHIONE! SCOMMETTO CHE NON MI ASSALIRAI PIU'! VEDI, HO UNA VERA MASCHERA DIETRO LA TESTA!
ADESSO NON SAI PIU' QUAL E' IL DAVANTI E IL DI DIETRO. NON POTRAI PIU' BALZARMI ADDOSSO!
COSI' IMPARERAI CHE GLI ***UMANI*** SONO PIU' INTELLIGENTI DEGLI ***ANIMALI!***
NON E' VALIDO! NON SEI NEMMENO BALZATO!

Nel Medio Evo i signori e i vassalli vivevano in un sistema futile.
VUOI DIRE SISTEMA "FEUDALE".
PROPRIO QUANDO QUESTA ROBA COMINCIAVA AD AVERE UN SENSO.

SONO UN GENIO. NON RIESCO A CREDERE A QUANTO SONO INTELLIGENTE.
HO TANTO DI QUEL CERVELLO CHE NON SO CHE COSA FARMENE.
L'HO NOTATO.
WOO HOO HOO

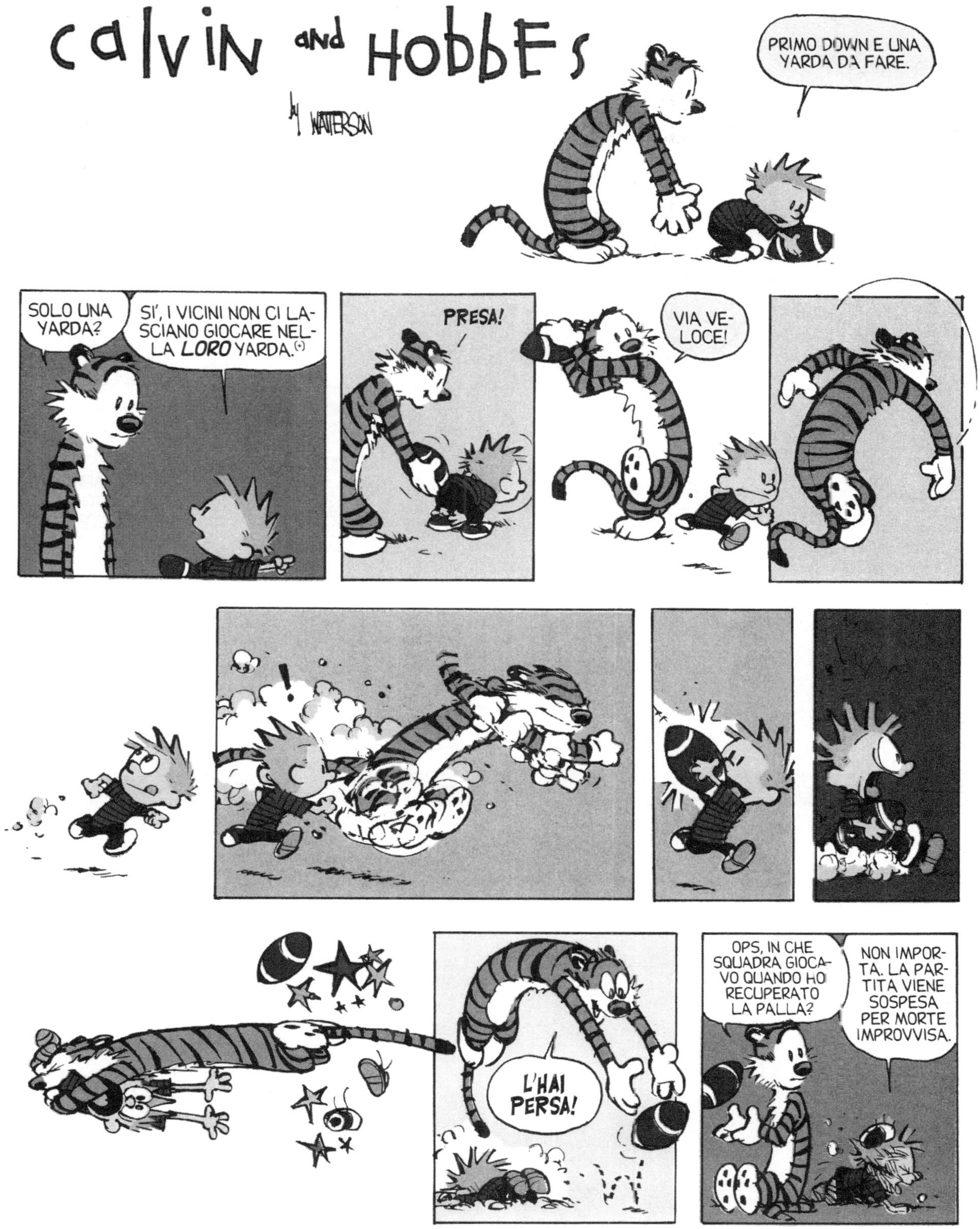

(*) GIOCO DI PAROLE INTRADUCIBILE TRA YARD, UNITA' DI MISURA, E YARD, "GIARDINO".

Dammi quella palla o ti spiaccico il muso.
Mossa intelligente, moscerino.
SECONDO ME LA RICERCA SCIENTIFICA NON SI DA' ABBASTANZA DA FARE PER TROVARE LA CURA CONTRO L'IDIOZIA!

APRI BENE... APRI BENE... COOOSI'...
TI POTRA' FARE UN PO' MALE... STA' FERMO...
RRGGHT! MMF! ARRG! FERMO!... L'HO QUASI PRESO... QUASI... MMF! ***ECCO!***
CASPITA, MENO MALE CHE L'ABBIAMO TOLTA! GUARDA CHE BRUTTE MACCHIE!
UN PRANZO NON DOVREBBE ESSERE COSI'.
WATTERSON

DA' UN'OCCHIATA, NON DIRESTI CHE E' UN BELLISSIMO DISEGNO?
BE', PUOI ***CREDERE*** CHE ALLA MAESTRA NON E' PIACIUTO? HA DETTO CHE NON ERA "SERIO"!
BE', SE QUESTA NON E' ARTE SERIA ALLORA NIENTE LO E'! E POI CHI HA DETTO CHE LA SIGNORA VERMONI E' UN ARBITRO DI ESTETICA? E' UN LAVORO PIENO DI POTENZA E PROFONDITA'!
E' UNO STEGOSAURO SU UN'ASTRONAVE, VERO?
VISTO? ***TU*** LO CAPISCI!
WATTERSON

DA UNA PARTE E' UN BUON SEGNO PER NOI ARTISTI CHE, NELL'ETA' DEL BOMBARDAMENTO VISIVO DA PARTE DEI MEDIA, UN SEMPLICE DISEGNO RIESCA A SCIOCCARE GLI SPETTATORI.
DALL'ALTRA, LA SELEZIONE REAZIONARIA DELLA MIA MAESTRA DIMOSTRA CHE LA NOSTRA SOCIETA' E' CULTURALMENTE ARRETRATA.
QUESTO DISEGNO, OVVIAMENTE, E' UNA SFIDA PER COLORO CHE PREFERISCONO BUCOLICHE SCENE DI GENERE.
QUESTO "4-" MI INSERISCE PREPOTENTEMENTE NELL'AVANGUARDIA.
ALLORA NON TI DOVRESTI VESTIRE IN MODO RIDICOLO?

IL DIFFICILE PER NOI ARTISTI POST-MODERNI D'AVANGUARDIA E' DECIDERE SE DIVENTARE O MENO COMMERCIALI.
DOBBIAMO LASCIARE CHE IL NOSTRO LAVORO VENGA SFRUTTATO DA UN MERCATO AVIDO DI NOVITA'? DOBBIAMO PARTECIPARE A UN SISTEMA CHE TRASFORMA L'ARTE IN CONSUMO DI MASSA?
NATURALMENTE QUANDO UN ARTISTA DIVENTA COMMERCIALE ABBANDONA IL SUO STATUS DI LIBERO PENSATORE E BARATTA L'INTEGRITA' DELLA SUA ARTE CON LA RICCHEZZA E LA FAMA.
OH, QUANTE STORIE, LO FARO'!
NON CI E' VOLUTO MOLTO.

OGGI HO FATTO UN ALTRO DISEGNO DELLA SERIE "DINOSAURI IN ASTRONAVE", E LA SIGNORA VERMONI MI HA DETTO CHE SE NON SMETTO MI DA' UNA NOTA SUL REGISTRO.
VENGONO ATTACCATE LE ARTI! SI CERCA DI SCHIACCIARE LA LIBERTA' DI ESPRESSIONE!
LE AUTORITA' STANNO TENTANDO DI ANNIENTARE QUALUNQUE OPINIONE CONTRARIA!
COS'HA DA OBIETTARE LA MAESTRA SUI TUOI DINOSAURI?
PRINCIPALMENTE CHE LI DISEGNO DURANTE L'ORA DI MATEMATICA.

Calvin and Hobbes
by WATTERSON
PUAH.
QUELLO CHE VA GIU' DEVE TORNAR SU.
BLEAH!
AGKH
EHI! NO! NON FARLO!
UHGH
SPLOOSH
COUCH!
SPLUT!
COUCH!
MMF
BLORP!
UGHH
ICK
ECCIU'
AAAH! TI PRENDO!
EHH EHH...
PRONTO, UFFICIO RECLUTAMENTO DELLA MARINA? SI', SI TRATTA DI UN'EMERGENZA...

UN'ALTRA SPLENDIDA GIORNATA AUTUNNALE.
CHE SPRECO ANDARE A SCUOLA IN UNA MATTINA COME QUESTA.
COSA FARESTI SE POTESSI STARE A CASA QUESTA MATTINA?
LA PASSEREI A LETTO.

WHOA WHOAA
WHOOOP
BONK
AHHHH!
OOF!
POTREBBE ESSERE SUCCESSO PER CASO!

NON TI SEDERE VICINO A ME, CALVIN. NON INTENDO ASCOLTARE I TUOI COMMENTI DISGUSTOSI SUL CIBO.
STA' CALMA. NON PARLERO' AFFATTO DEL CIBO.
VUOI SENTIRE INVECE UN INDOVINELLO CHE HO INVENTATO?
UN INDOVINELLO? OK.
QUAL E' LA DIFFERENZA TRA UN LUMACONE E UNA CACCOLA LUNGA DUE POLLICI?
EWW!!
IO NON RIESCO A TROVARE LA DIFFERENZA.

Giù dall'altalena, moscerino.
SCORDATELO, SANCIO. TOCCA A ME.
PUNCH!!
E' DIFFICILE ESSERE RELIGIOSI QUANDO CERTI TIPI NON VENGONO MAI INCENERITI DA UN FULMINE.

SONO A CASA!
NON C'E' MOTIVO DI CONSERVARE I SACCHETTI DEL PRANZO SE NON RIESCI A TENERLI *PULITI*.
QUESTO LO DICI *TU*.

... IL QUIETO MONTE CALVIN...
IMPROVVISAMENTE ESPLODE CON UN ROMBO SPAVENTOSO! E' UN VULCANO ATTIVO!
ZAMPILLI DI LAVA VENGONO PROIETTATI NEL CIELO!
TE L'HO ***DETTO*** CHE QUELLA SALSA ERA TROPPO PICCANTE!
BLEAH, HA SPUTACCHIATO TUTTO SULLA TAVOLA!
GLUG
GLUG
GLUG

Calvin and HOBBES
by WATTERSON
QUESTO E' NOSTRO FIGLIO! ☆ SIGHHH ☆
QUESTE FOTO CI RICORDERANNO PIU' DI QUEL CHE VOGLIAMO RICORDARE.

PRONTO, C'E' TUO PADRE?
NO, NON C'E'!
PUOI SCRIVERE IL MIO NUMERO E FARMI RICHIAMARE?
UN MOMENTO. PRENDO UNA PENNA.
POW!
AGH! SONO STATO COLPITO!
ODIO PRENDERE I MESSAGGI.

MAMMA, PUOI DARMI UNA SCATOLA DA SCARPE? E' PER LA SCUOLA.
PENSO DI SI'. FAMMI VEDERE.
ECCO. CHE COSA DEVI FARNE?
DEVO FARE UN DIORAMA CHE RAPPRESENTI UN DESERTO. STIAMO STUDIANDO GLI ECOSISTEMI.
MOLTO INTERESSANTE.
HO BISOGNO DI COLLA, CARTA E STOFFA. DEVO FARE UN CACTUS E UNO STRUZZO CORRIDORE.
PER QUANDO DEV'ESSERE?
ERA PER OGGI, MA HO DETTO ALLA MAESTRA CHE NON AVEVO ANCORA FINITO.

WOW, LA MAMMA E' DIVENTATA UNA IENA QUANDO HA SAPUTO CHE NON AVEVO NEMMENO COMINCIATO IL PROGETTO DEL DIORAMA CHE DOVEVA ESSERE PRONTO PER OGGI.
VA BENE, SONO IN RITARDO DI UN GIORNO! SAI CHE ROBA!
NON E' QUESTIONE DI VITA O DI MORTE, TI PARE? IL DESTINO DELL'UNIVERSO NON DIPENDE DALLA TRASFORMAZIONE DI UNA SCATOLA IN UNA SCENA DI DESERTO!
QUESTO E' VEDERE LE COSE IN PROSPETTIVA.
E ANCHE SE FOSSE QUESTIONE DI VITA O DI MORTE, DIPENDEREBBE DAL SOGGETTO IN PERICOLO.

COME FACCIO A CREARE UNA SCENA DI DESERTO IN QUESTA SCATOLA SE NON SO NEANCHE COS'E' UN DESERTO?!
NON SONO **MAI** STATO IN UN DESERTO! LA MAMMA E IL PAPA' NON MI PORTANO MAI DA NESSUNA PARTE! SE MI AVESSERO PORTATO IN UN DESERTO ORA **SAPREI** COM'E' FATTO!
PERCHE' NON GUARDI IN UN LIBRO?
E DARMI TUTTO QUESTO **FASTIDIO?** SENTI, SONO UN RAGAZZO OCCUPATO IO! HO **ALTRO** DA FARE!
GIA'. PERCHE' SPRECARE IL TEMPO IMPARANDO, QUANDO L'IGNORANZA E' IMMEDIATA?
TRA 20 MINUTI COMINCIA LO SHOW IN TIVU'. MI AIUTI O NO?
WATTERSON

MAMMA, MI DAI DELLA CARTAPESTA?
NON NE ABBIAMO.
MAGNIFICO! E ADESSO COME FACCIO A FARE UNO STRUZZO SENZA CARTAPESTA?
MAGARI DOVEVI PENSARCI PRIMA DELLE 7 DI SERA. DOVRAI FARLO IN UN ALTRO MODO.
MA **COME?!**
SEI **TU** CHE DEVI FARE IL LAVORO.
SE PRENDERO' UN BRUTTO VOTO SARA' COLPA **TUA!**
WATTERSON

COME VA IL TUO DIORAMA?
L'HO QUASI FINITO.
NON CI HAI MESSO MOLTO.
E' PERCHE' SONO UN GENIO.
NON VEDO LO STRUZZO. NON DOVEVI METTERCENE UNO?
VEDI QUELLE PALLINE DI COTONE?
SI'?
LO STRUZZO E' CORSO VIA SOLLEVANDO QUELLE NUVOLE DI POLVERE!
WATTERSON

NON HAI MAI UN OBBLIGO, UN COMPITO DA ESEGUIRE, UNA RESPONSABILITA'! DEV'ESSERE BELLO!
CANCELLA QUEL GHIGNO INSOLENTE DALLA FACCIA!
DICE IL SAGGIO: VIVI PRUDENTEMENTE E SIINE COMPIACIUTO.

CHE BARBA! NON HO VOGLIA DI FARE TUTTO QUESTO LAVORO!
"SE NON TENDI L'AGGUATO E TI DAI DA FARE, NON POTRAI DIVORARE NESSUNO."
CAPISCO PERCHE' GLI AFORISMI TIGRESCHI NON PRENDONO PIEDE.

"COGLI L'ATTIMO" E' IL **MIO** MOTTO.
MAGARI DOMANI ESCI DI CASA E - **WHAM** - VIENI INVESTITO DA UN CAMION E NON POTRAI PIU' GODERE DI NULLA!
ECCO PERCHE' DICO "COGLI L'ATTIMO". E IL **TUO** MOTTO QUAL E'?
"GUARDA, PRIMA DI ATTRAVERSARE LA STRADA."

Calvin and Hobbes
by Watterson
MMM...
PER QUESTA PAZIENTE MI SERVONO PARECCHI ABBASSALINGUA!
ALLORA, CHE C'E' CHE NON VA?
MI FA MALE UN PIEDE, DOTTORE.
LE FA MALE UN PIEDE?! CHE RAZZA DI STUPIDO PROBLEMA E'?!
IL DOTTORE E' LEI! DOVREBBE CAPIRE CHE C'E' CHE NON VA.
E' PSICOSOMATICO. CI VUOLE UNA LOBOTOMIA. VADO A PRENDERE LA SEGA.
UNA LOBOTOMIA?! UN VERO DOTTORE NON DIREBBE COSI'!
DAVVERO? CHI E' CHE HA LO STETOSCOPIO, LEI O IO? QUI C'E' UN MARTELLO. VUOLE L'ANESTESIA?
QUELLO E' PER I RIFLESSI! LEI N... NON SA NIENTE!
CHE NE DICI DI UN PUGNO? UN BEL PUGNO SUL GRUGNO?!
ORA BASTA! NE SO PIU' IO DI MEDICINA! FARO' IO IL DOTTORE ADESSO!
AHIA! SMETTILA DI CALCIARE! ECCO PERCHE' QUELLO STUPIDO PIEDE TI FA MALE!
DILLO! DI' CHE SONO IO IL DOTTORE!
OK, SEI TU IL DOTTORE! MA IO NON SARO' UNO DEI TUOI PAZIENTI! ME NE VADO!
BENE! FINALMENTE! ROVINI SEMPRE TUTTO!
IL MINISTRO DELLA SANITA' DOVREBBE VIETARE I GIOCHI CON LE RAGAZZE.
O LO FAREI IL PAZIENTE DI SUSIE!

HO DECISO CHE NON VOGLIO DIVENTARE FAMOSO.
NO?
QUALUNQUE IDIOTA PUO' DIVENTARE FAMOSO. IO PENSO DI ESSERE PIU' IL TIPO LEGGENDARIO!
UH, UHH.
NON INTENDO DIRE IN QUESTO MOMENTO!

POSSIAMO BRUCIARE LE FOGLIE?
NO, INQUINANO.
MA COME FACCIAMO A PLACARE I POTENTI DEI DELLA NEVE SE NON SACRIFICHIAMO LE FOGLIE?! AVREMO UN INVERNO CALDO!
NON SO SE SIA MEGLIO LA TUA PADRONANZA DELLA TECNOLOGIA O DELLA TEOLOGIA.
PENSO CHE ANDRO' AD ACCENDERE QUALCHE CERO INTORNO AL TOBOGA PER CHIEDERE PIETA'.

PENSI CHE LE TIGRI VADANO NELLO STESSO PARADISO DEGLI UOMINI?
VOGLIO DIRE, IN PARADISO TUTTI DOVREBBERO ESSERE FELICI, NO? MA LA GENTE NON SAREBBE FELICE SE TEMESSE DI VENIR MANGIATA DALLE TIGRI!
DALL'ALTRA PARTE IL PARADISO NON SAREBBE BELLO SENZA TIGRI. NON SAREI FELICE SE NON CI FOSSERO TIGRI. MI MANCHEREBBERO.
FORSE LE TIGRI IN PARADISO NON MANGIANO LA GENTE.
MA ALLORA NOI NON SAREMMO FELICI.

Calvin and HOBBES
by WATTERSON
PERCHE' GLI ANIMALI GIRANO SEMPRE IN TONDO PRIMA DI METTERSI A DORMIRE?
SPIACENTE. INFORMAZIONE RISERVATA.
Z
PSST! EHI, RAGAZZINO
MOSTRI!
CHE COSA VOLETE?
C'E' UN GIOCATTOLO BELLISSIMO SOTTO IL LETTO. VIENI A PRENDERLO!
OH CERTO! VOLETE CHE IO VENGA GIU' PER POTERMI AFFERRARE CON QUALCHE VISCIDO TENTACOLO, PARALIZZARE LENTAMENTE CON QUALCHE SCHIFOSA SECREZIONE E DIVORARMI VIVO! BEL TENTATIVO! SCORDATEVELO!
STUPIDI MOSTRI. TUTTI ZANNE E NIENTE CERVELLO.
PSST! TIGRE! TI DAREMO DEL SALMONE SE SPINGI IL RAGAZZINO SOTTO IL LETTO!
E' FRESCO IL SALMONE?
ASPETTA CHE LO ASSAGGIO... SI', E' FRESCO.
HOBBES, NON ASCOLTARLI!

EHI, PAPI, INDOVINO QUALUNQUE NUMERO PENSI! DAI, PENSA A UN NUMERO!
MMM... OH, CE L'HO.
E' 92.376.051?
PERBACCO, SI'!
EHI! STAI CERCANDO DI TOGLIERMI DAI PIEDI, VERO?!
NO, SEI TELEPATICO. PROVA CON TUA MADRE.
WATTERSON

UN SACCO DI GENTE NON HA PRINCIPI, MA IO SI'! ***IO*** SONO UNA PERSONA PIENA DI PRINCIPI!
VIVO SEGUENDO UN PRINCIPIO E NON MI CI SCOSTO MAI.
QUAL E' IL TUO PRINCIPIO?
"PRENDITI CURA DEL NUMERO UNO."
WATTERSON

MAMMA, SAI IL PANINO CHE MI HAI PREPARATO OGGI? BE', ALL'ORA DI PRANZO LA MARMELLATA AVEVA IMPREGNATO IL PANE. MI HA DISGUSTATO.
QUINDI DOMANI VORREI CHE TU METTESSI LA MARMELLATA IN UN CONTENITORE SEPARATO INSIEME A UN COLTELLO, IN MODO CHE POSSA SPALMARLA ALL'ULTIMO MINUTO.
WATTERSON
E POI USI SEMPRE LE FETTE ***CENTRALI:*** QUELLE VANNO BENE PER I TOAST. PER I ***PANINI,*** VOGLIO SOLO LE FETTE FINALI PERCHE' ASSORBONO MENO MARMELLATA, CAPITO?
DANNAZIONE, L'HA FATTO ***ANCORA!***

GUARDA! HAI RIFATTO IL LETTO SENZA CHE TE LO DICESSI! BRAVISSIMO, CALVIN!
COM'E' CARINA LA TUA MAMMA QUANDO L'AIUTI.
SI'. ECCO PERCHE' DI SOLITO NON LO FACCIO.
MI PIACE CHE LA MAMMA RIMANGA IMPRESSIONATA QUANDO ADEMPIO AL MINIMO DEI DOVERI.

GUARDI FUORI DALLA FINESTRA! NEVICA! CI SARA' ALMENO UN CENTIMETRO!
DOMATTINA SCOMMETTO CHE CI SARANNO *TONNELLATE* DI NEVE! PENSA CHE LE SCUOLE CHIUDERANNO?
COSA?
AH SÌ? BE', ALTRETTANTO A LEI!
NON SO COME ABBIA FATTO UN TIPO SCORBUTICO COME QUELLO A DIVENTARE COMMISSARIO.

CASPITA, CHE CORSA.
PUOI DIRLO.
NON AVEVO MAI VISTO UNA SLITTA PRENDERE FUOCO PRIMA D'ORA.
PER FORTUNA CHE LO STAGNO NON ERA GHIACCIATO.

Calvin and HOBBES
by WATTERSON
E QUESTO LO CHIAMI DICEMBRE?!
PENOSO, SEMPLI-CEMENTE PENOSO.
ARRIVA SUSIE. OOOH, SE SOLO AVESSI UNA PALLA DI NEVE, GLIELA TIREREI SU QUEL CAPOCCIONE CHE SI RITROVA!
SCOMMETTO CHE BABBO NATALE TI HA SENTITO!
ODDIO, MI SONO DIMENTICATO CHE E' QUASI NATALE!
DOVRESTI DIRE CHE TI DISPIACE.
MI DISPIACE! MI DISPIACE! NON VOLEVO!
DOVRESTI DIRE CHE TI PIACE SUSIE.
COSA? MAI! QUESTO E' TROPPO!
DOVRESTI DIRE CHE VORRESTI DARLE UN SACCO DI BACINI!
UN SACCO DI BACINI?!
CIAO, CALVIN. COSA STAI FACENDO?
LA LOTTA. VATTENE.
NON SO COS'E' PIU' STRANO: CHE TU LOTTI CON UN PELUCHE, O CHE PARE CHE TU ABBIA LA PEGGIO.
NON HO LA PEGGIO! HOBBES IMBROGLIA! PIANTALA ADESSO! BASTA!
DOPO OGGI, SCOMMETTO CHE BABBO NATALE PRENDERA' "DEI RESTI" DALLA STALLA DELLE RENNE PER RIEMPIRE LA TUA CALZA.
TU NON SEI MESSO MEGLIO, AMICO.

LIMONATA! LIMONATA GELATA! SOLO CINQUE DOLLARI AL BICCHIERE!
COME VANNO LE VENDITE?
MALISSIMO. NON CAPISCO.
CERTO CHE FA FREDDO.
GIA'. LA MIA LIMONATA SI E' RAFFREDDATA "NATURALMENTE"! NE VUOI UN BICCHIERE?
SPIACENTE. TUTTI I MIEI RISPARMI SONO IN BOT.
MAGARI LA PORTO A **10 DOLLARI**, COSI' NE DEVO VENDERE MENO.

DA GRANDE SARO' RICCHISSIMO! SARO' L'UOMO PIU' RICCO DEL MONDO!
MA NON LASCERO' CHE LA RICCHEZZA MI CAMBI!
PECCATO! ERA LA NOSTRA ULTIMA SPERANZA!
TI SENTIRAI PIUTTOSTO SOLO NELLA CASA DI CURA.
MAGARI RIUSCIRO' A FINIRE QUESTO LIBRO.

VUOI SENTIRE UNA FREDDURA CHE HO INVENTATO IO?
SPARA!
CHE COSA OTTIENI INCROCIANDO LASSIE CON UNA SAPONETTA?
MI ARRENDO.
UNA COLLI-NETTA CAPITO?
AH AH AH AH AH AH! OH! OH! AH AH AAH!
NON VUOLE AMMETTERE CHE POTREI ESSERE L'ANIMA DI QUALUNQUE FESTA.

CLUNK
NAB!
NON SI E' MAI ABBASTANZA PRUDENTI.
IMBROGLIONE.

CARA, HAI VISTO I MIEI OCCHIALI? NON RIESCO A TROVARLI DA NESSUNA PARTE.
NON LI HO VISTI.
!
!
CALVIN, VA' A FARE QUALCOSA CHE ODI! ESSERE INFELICI TEMPRA IL CARATTERE!
BE', CERTO CHE STIAMO TIRANDO SU UN RAGAZZINO CON UN TALENTO NOTEVOLE PER IL SARCASMO.

AUGHH!
TUTTI QUEI LIBRI DI PSICOLOGIA INFANTILE CHE ABBIAMO COMPRATO... QUANTO DENARO SPRECATO.

Calvin and Hobbes
by Watterson
GRAZIE, CLARA, MOLTO BENE... ORA, CHI VUOL VENIRE?
NESSUN ALTRO, A PARTE CALVIN?
EHI!
PER "MOSTRA E DIMOSTRA", HO PORTATO QUESTI STRANISSIMI FRAMMENTI DI OSSA FOSSILIZZATE CHE HO SCOPERTO NELLA DISCARICA VICINO A CASA MIA!
ANCHE SE POSSONO SEMBRARE A UN OCCHIO INESPERTO DEI COMUNI DETRITI, IO HO IMMEDIATAMENTE RICONOSCIUTO IN ESSI I PEZZI DELLA MASCELLA DI UNA NUOVA SPECIE DI CARNOSAURO.
IN QUESTA DRAMMATICA ILLUSTRAZIONE HO RICREATO IL *CALVINOSAURO* COME DOVEVA APPARIRE NELL'ULTIMO PERIODO DEL GIURASSICO! IL COLORE E' SOLO IPOTETICO!
QUANTO PRIMA PUBBLICHERO' LE MIE SCOPERTE! SENZA ALCUN DUBBIO RICEVERO' PARECCHI PREMI E IN POCHE SETTIMANE AVRO' PRESTIGIO, FAMA E RICCHEZZA!
QUANDO CIO' ACCADRA' POTRETE ESSERE CERTI CHE CHI A SCUOLA E' STATO CATTIVO CON ME LA PAGHERA' CARA!
IMPIEGHERO' OGNI MEZZO PER RENDERE MISERABILI LE VOSTRE VITE! SCHIACCERO' I VOSTRI MISERI SOGNI COME INSETTI NELLA POLVERE!
... MA ESISTE UN'ALTERNATIVA! ORA POSSO ACCETTARE UN NUMERO LIMITATO DI ISCRIZIONI A ESSERE MIO AMICO. IL COSTO E' DI SOLI $20 A PERSONA, E POTRETE USUFRUIRE DELLA MIA AMICIZIA PER TUTTA LA VITA! CI SONO RICHIESTE?
PRESIDE
AH SI'? ASPETTI E VEDRA'!

calvin and HOBBES
by WATTERSON
ECCO FATTO.
ORA DOBBIAMO METTERLO SUL TETTO.
babbo NatalE sEi gRavato da REGali iN più? lasciali qua! calviN
STAVO PENSANDO. DICONO CHE BABBO NATALE SA SE SEI STATO BUONO O CATTIVO, NO?
ESATTO.
PENSA A QUANTI BAMBINI CI SONO AL MONDO! NESSUNO RIUSCIREBBE A BADARE A OGNI BAMBINO CONTINUAMENTE! BABBO NATALE E' VECCHIO! PROBABILMENTE SI ADDORMENTA!
PER COME LA VEDO IO, BABBO NATALE DEVE FARE QUALCHE RICOGNIZIONE A CASO, UNA O DUE VOLTE ALLA SETTIMANA.
E ALLORA?
CERTO. BECCA UN TOT DI BAMBINI CATTIVI E COSI' INDUCE TUTTI GLI ALTRI A ESSERE BUONI PER UN BEL PO'! CREA L'IMPRESSIONE CHE LI STIA CONTROLLANDO DI PIU' DI QUANTO FA IN REALTA'.
PIUTTOSTO ASTUTO.
GIA', MA ORA CHE L'HO SCOPERTO, COLPIRO' SUSIE CON UNA PALLA DI NEVE! SE LO FACCIO IN FRETTA, LE PROBABILITA' CHE BABBO NATALE MI STIA GUARDANDO PROPRIO IN QUESTO MOMENTO SONO PRATICAMENTE NULLE!
E SE SUSIE LO RACCONTA?
OOOH, NON CI AVEVO PENSATO! E' UNA RAGAZZA, QUINDI PROBABILMENTE FAREBBE LA SPIA!
PUAH!
BEH, SPERO PROPRIO CHE BABBO NATALE MI GUARDI ADESSO CHE SONO COSI' BUONO.
BUONO MALVOLENTIERI, MA CIO' NONOSTANTE BUONO.

GUARDI UN PROGRAMMA NATALIZIO?
SI'.
UN ALTRO PROGRAMMA CHE CELEBRA LA PACE E L'AMORE, INTERROTTO OGNI SETTE MINUTI DA SPOT CHE CELEBRANO LA CUPIDIGIA E LO SPRECO.
ODIO PENSARE CHE E' QUESTO CHE STAI IMPARANDO.
STO IMPARANDO CHE MI CI VUOLE UNA TV PERSONALE DA GUARDARE IN UN ALTRO POSTO.
WATTERSON

FACCIO LA LISTA PER BABBO NATALE! AGGIUNGO QUALCOSA PER TE?
MMM, NON MI VIENE NIENTE.
NIENTE?! NON VUOI NIENTE DEL TUTTO?!?
HO UNA BELLA CASA E IL MIGLIORE DEGLI AMICI. COS'ALTRO PUO' VOLERE UNA TIGRE?
DEV'ESSERE TRISTE ESSERE UNA SPECIE CON COSI' SCARSA IMMAGINAZIONE.
WATTERSON

GRAZIE PER AVERMI AIUTATO A SPEDIRE LA LETTERA A BABBO NATALE.
ERA MOLTO PESANTE.
LE BUSTE GROSSE CONTENGONO APPENA DUECENTO PAGINE. ECCO PERCHE' HO USATO UNA SCATOLA.
SPERO CHE BABBO NATALE NON LA RISPEDISCA AL MITTENTE.
WATTERSON
SARA' MEGLIO CHE QUESTA VOLTA BABBO NATALE PORTI TUTTO CIO' CHE CHIEDO! SONO STATO BUONISSIMO TUTTO L'ANNO!
E L'INCIDENTE DEGLI SPAGHETTI?
NESSUNO PUO' PROVARE CHE SIA STATO IO!

TUTTA QUESTA FACCENDA CHE BABBO NATALE PREMIA I BAMBINI BUONI MI SCOCCIA.
NON PERCHE' *IO* ABBIA MOTIVI DI PREOCCUPAZIONE, NATURALMENTE.
CERTO, TU SEI UN MODELLO DI VIRTU'.
ESATTO! MA SAI, CI SONO CERTE COSE FATTE DA UN BAMBINO BUONO CHE POTREBBERO SEMBRARE *CATTIVE* SE NON SI CONSIDERANO LE CIRCOSTANZE ATTENUANTI.
COME METTERE UN ROSPO INCONTINENTE NEL CASSETTO DEI GOLF DELLA MAMMA?
ESATTO. SE FOSSI STATO ALLEVATO IN UN AMBIENTE MIGLIORE, NON FAREI COSE DEL GENERE.
PENSO CHE SE BABBO NATALE DEVE GIUDICARE IL MIO COMPORTAMENTO DI QUEST'ANNO DOVREI ESSERE RAPPRESENTATO DA UN LEGALE.
VOGLIO DIRE, QUI C'E' IN GIOCO UN BOTTINO NATALIZIO, E LA COSTITUZIONE DICE CHE NESSUNO PUO' ESSERE PRIVATO DI UNA PROPRIETA' SENZA UN PROCESSO.
QUINDI TU PUOI FARE IL MIO AVVOCATO, OK? E' FACILE!
IO?!
CERTO! ECCOTI UN BLOCCO! SEI A POSTO!
OK, MA NON ACCETTO CASI DISPERATI.
OK, HOBBES, COME MIO AVVOCATO, DOVRAI RIVEDERE I FATTI.
ESATTO. STABILIREMO CHE AL MOMENTO DEI PRESUNTI CRIMINI NON ERI IN GRADO DI INTENDERE E DI VOLERE.
NON STIAMO INVOCANDO *L'INFERMITA' MENTALE,* RAZZA DI IDIOTA! DOBBIAMO DIRE CHE SONO *INNOCENTE!*
L'INSULTO A UN AVVOCATO E' UN'OFFESA PENALE, ATTENTO A COME PARLI!
TU DEVI SOSTENERE CHE QUEST'ANNO NON SONO STATO CATTIVO E CHE MI MERITO DI ESSERE SULLA LISTA DEI "BUONI" DI BABBO NATALE!
SE *QUESTO* E' IL NOSTRO CASO, TI CONSIGLIO DI DEFINIRLO IN SEDE EXTRAGIUDIZIALE.
TRA UN MINUTO TU E IO ANDIAMO A DEFINIRLO IN SEDE STRADALE.

CIAO, MAMMA! IO E HOBBES ANDIAMO AL POLO NORD!
AL POLO NORD?
ANDIAMO DA BABBO NATALE!
COME MAI? GLI HAI GIA' MANDATO LA TUA LISTA.
SI', MA TEMO CHE BABBO NATALE NON ABBIA CONSIDERATO LA MIA VERSIONE DI CERTI RECENTI EVENTI.
QUANTO RECENTI SONO QUESTI EVENTI DI CUI PARLI?
DEVO ANDARE, MAMI. E' UN LUNGO VIAGGIO.

ECCO LA NOSTRA STRATEGIA: QUANDO SAREMO AL POLO NORD DIREMO A BABBO NATALE CHE SONO STATO VITTIMA DI MALELINGUE E CHIEDEREMO GIUSTIZIA.
GLI DIREMO CHE SONO UN BRAVO BAMBINO CON UN CUORE D'ORO.
DIREMO CHE SONO BUONO, BUONO, BUONO, DA QUANDO, MI ALZO A...
EHI! C'E' SUSIE!
... A QUANDO UN PENSIERO TI ENTRA IN TESTA.
NON CI HA VISTI! PRESTO, PREPARA DELLE PALLE DI NEVE!

SUSIE NON CI HA VISTO! STRISCIAMOLE ALLE SPALLE E BOMBARDIAMOLA!
MA NON STAVAMO ANDANDO DA BABBO NATALE PER DIRGLI QUANTO SEI *BUONO?*
OOOPS. DIMENTICAVO.
QUANTI REGALI CI RIMETTO, SECONDO TE, PER UNA PALLA BEN CENTRATA SULLA CAPOCCIA DI SUSIE?

NON SARO' IL TUO AVVOCATO, DATO CHE NON SEI NEMMENO CAPACE DI FARE DUE PASSI SENZA COLPIRE QUALCUNO CON UNA PALLA DI NEVE!
NON E' "QUALCUNO"! E' *SUSIE!* E' UNA *RAGAZZA!* BABBO NATALE CAPIRA'!
BABBO NATALE CAPIREBBE! COSA? AH, SI'? FA NIENTE! ADESSO TIRO A SUSIE UNA BOMBA DI NEVE.
!
AH DAVVERO? BE', FORSE ANCHE QUEL *TUO* MUSO PELOSO SI MERITA UN BEL PO' DI NEVE! **EHI!** NON MORDERE!
SSST! PIANTALA!... HAI SENTITO UN RUMORE?
WATTERSON

MI VOLEVI LANCIARE UNA PALLA DI NEVE, EH? *ECCOTELA!*
POW!!
VISTO? VISTO? MI HA COLPITO PER PRIMA! ADESSO NON HO BISOGNO DI GIUSTIFICAZIONI! AH AH AH! VENDETTA!
... OPPURE PUOI *PROVARE* A BABBO NATALE QUANTO SEI BUONO.
E' LA TUA GRANDE OCCASIONE...
NON VOGLIO ESSERE COSÌ BUONO!
WATTERSON

GIA' TORNATO DAL POLO?
NON SIAMO NEANCHE ARRIVATI ALLA CASA DI SUSIE.
MA HO *PROVATO* QUANTO SONO BUONO! SUSIE MI HA COLPITO CON UNA PALLA DI NEVE E IO NON HO FATTO NIENTE! BABBO NATALE *DOVRA'* PORTARMI UN SACCO DI REGALI *ORA!*
PERCHE' SUSIE TI HA COLPITO?
PERCHE' NOI STAVAMO... UM, ERAVAMO LA' CHE FACEVAMO I FATTI NOSTRI E IMPROVVISAMENTE... SENZA UNA RAGIONE...
WATTERSON
VA BE', HAI MENTITO. FA' SUBITO QUALCOSA DI BUONO PER NEUTRALIZZARE LA COSA.
ANCORA TRE *GIORNI!* *NON* CE LA FARO' A RESISTERE TANTO!

Calvin and Hobbes
by Watterson
... E SENTI BABBO NATALE, SE AVRÒ ANCORA QUALCHE OCHETTA CHE FA QUA QUA O UN CONIGLIETTO DI PELUCHE TE LA FACCIO PAGARE.
MMM... POTREBBE ESSERE POCO DIPLOMATICO.
STO DIVENTANDO NERVOSO RIGUARDO AL NATALE.
SEI PREOCCUPATO DI NON ESSERE STATO BUONO?
QUESTO E' IL PROBLEMA. TUTTO E' RELATIVO. QUANTO DEVI ESSERE BUONO PER ESSERE CONSIDERATO BUONO?
NON HO UCCISO NESSUNO, NON HO COMMESSO CRIMINI, NON HO INIZIATO GUERRE, E NON PRATICO IL CANNIBALISMO.
NON DIRAI CHE QUESTO NON E' ESSERE BUONI. DOVREI AVERE UN SACCO DI REGALI!
MA FORSE ESSERE BUONI E' QUALCOSA DI PIU' CHE NON ESSERE CATTIVI.
VEDI, E' QUELLO CHE MI PREOCCUPA.
... OK, POSTO CHE RIESCA A FARLA ARRIVARE AL POLO NORD IN TEMPO, QUANTO VUOI PER SCRIVERMI UNA LETTERA DI REFERENZE?
OH NO, NON INTENDO GIURARE IL FALSO PER TE! LA MIA FEDINA E' PULITA!

BENE, ABBIAMO COMPRATO I REGALI, FATTO I PACCHI, E CALVIN E' A LETTO. PER LA PRIMA VOLTA QUESTO MESE NON C'E' NIENTE DA FARE.
LO SO... A VOLTE NON CI RENDIAMO CONTO DI COSA SIGNIFICHI REALMENTE QUESTO PERIODO DELL'ANNO.
WATERSON
MMM, E' BELLO AVERE UN PO' DI TEMPO PER RIFLETTERE QUI DAVANTI AL FUOCO.
COS'È?! BABBO NATALE FLAMBÉ?

PSST! SVEGLIA! BUON NATALE VECCHIO MIO!
BUON NATALE!
NON TI HO FATTO UN REGALO, MA SEI IL MIO MIGLIORE AMICO!
ANCHE TU PER ME. PENSO CHE QUESTO SIA UN GRANDE REGALO.
WATERSON
BENE, BASTA COSI'! SONO QUASI LE 4! SVEGLIAMO MAMMA E PAPA' E GUARDIAMO I REGALI.
RICORDATI DEL PATTO, SE HAI RICEVUTO UN SALMONE LO DIVIDIAMO!

Cara Nonna,
Grazie per la bella scatola di matite che mi hai mandato per natale.
CHE SOLLECITUDINE.
OH SI', RINGRAZIO SEMPRE LA NONNA IMMEDIATAMENTE.
WATERSON
... ALMENO DA QUANDO MI HA MANDATO QUELLA SCATOLA VUOTA CON UN BIGLIETTO SARCASTICO IN CUI C'ERA SCRITTO CHE VOLEVA SOLTANTO VEDERE SE LE POSTE FUNZIONAVANO ANCORA.

BASTA GUARDARE LA TV! VA' FUORI A GIOCARE!
NON *VOGLIO* ANDARE FUORI!
UFFA.

DIETRO I MURI IMPENETRABILI DEL MIO FORTINO DI NEVE, SONO ASSOLUTAMENTE INVINCIBILE! NESSUNO OSA ATTACCARMI! SONO TUTTI TROPPO VILI!
SONO FUORI DAL MIO FORTINO ADESSO!

SI GELA QUA DENTRO! VEDO PERFINO IL MIO FIATO!
IL TERMOSTATO E' SUI 20 GRADI E LI' RESTERA'.
SONO SORPRESO CHE L'ACQUA NEI CALORIFERI NON SIA GHIACCIATA! HO LE LABBRA BLU! PRENDERO' UNA POLMONITE! STO ANDANDO IN IPOTERMIA!
SE HAI FREDDO, PERCHE' NON VAI A SPALARE LA NEVE E FAI CIRCOLARE UN PO' IL SANGUE?
BEL MAGLIONCINO.
HUMF.

Calvin and Hobbes
by WATTERSON
HO CHIESTO AL PAPA' SE VOLEVA VEDERE I PROPONIMENTI PER L'ANNO NUOVO CHE HO SCRITTO. HA DETTO CHE NE SAREBBE STATO FELICE E CHE ERA COMPIACIUTO DEI MIEI TENTATIVI DI MIGLIORAMENTO. GLI HO DETTO CHE I PROPONIMENTI NON ERANO PER ME, MA PER LUI.
ECCO PERCHE' ADESSO SIAMO FUORI.
ECCO IL MOTIVO DI TUTTA QUESTA FRETTA.
SONO DISILLUSO DA QUESTI ANNI NUOVI.
NON SEMBRANO AFFATTO NUOVI! OGNI ANNO NUOVO E' DEL TUTTO UGUALE A QUELLO VECCHIO!
ECCO UN ALTRO ANNO CHE SE NE VA E TUTTO RIMANE UGUALE! C'E' ANCORA L'INQUINAMENTO, LA GUERRA, LA STUPIDITA' E LA RAPACITA'! LE COSE NON SONO CAMBIATE!
IO DICO, CHE RAZZA DI FUTURO E' QUESTO?! PENSAVO CHE LE COSE DOVESSERO MIGLIORARE! PENSAVO CHE IL FUTURO DOVESSE ESSERE MIGLIORE!
IL PROBLEMA CON IL FUTURO E' CHE SI TRASFORMA NEL PRESENTE.

CON I POTERI CHE MI VENGONO DAI TERRIBILI DEMONI DELLA NEVE TI ORDINO DI VIVERE!
VIVI! VIVI! VIVI!
RRGHH!

GASP IO (PANT PANT) CI SONO **RIUSCITO!** *GASP*
CHE TI SUCCEDE? NON STAVI FACENDO UN PUPAZZO DI NEVE?
L'HO FATTO (PANT PANT)... MA ADESSO E' VIVO E MI VUOLE ACCHIAPPARE!
UH UUH.
GUARDA DALLA FINESTRA! SI STARA' AGGIRANDO QUI FUORI.
SANTO CIELO, L'HAI FATTO TROPPO VICINO ALLA PORTA, COME FAREMO A USCIRE?!
AUGHH!
STA GUARDANDO DENTRO! SA CHE VIVO QUI!

HAI FATTO **VIVERE** UN PUPAZZO DI NEVE?
NON PENSAVO FOSSE CATTIVO!
CHE FACCIAMO ADESSO?
NON SO, MA DOBBIAMO SBARAZZARCENE IN QUALCHE MODO.
POTREMMO ATTIRARLO IN CASA: SI SCIOGLIEREBBE!
CI VORREBBERO **ORE**, E LA MAMMA, NEL CASO NON VENISSE UCCISA, USCIREBBE DAI GANGHERI PER L'ACQUA SUL PAVIMENTO.
COME HANNO FATTO A UCCIDERE "FROSTY-PUPAZZO-DI-NEVE"?
NON SO. ADESSO AVREI VOLUTO AVER VISTO QUELLO STUPIDO PROGRAMMA! MAGARI L'HANNO PUGNALATO CON UN GHIACCIOLO.

AIUTO! ECCOLO!
PREPARIAMOCI AD ABBATTERLO A PALLE DI NEVE!
YEAH! YAAA!
UNGHH!
LE PALLE GLI RIMANGONO **APPICCICATE!**
GUARDA, GLI E' VENUTA UN'IDEA!
SI METTE ADDOSSO PIU' NEVE!
DIVENTA PIU' GROSSO! OH, **NO!**
WATTERSON

CONTINUA A RIEMPIRSI DI NEVE! STA DIVENTANDO ENORME!
E' SPAVENTOSO!
ADESSO STA FACENDO UNA GROSSA PALLA E CI METTE SOPRA DEI SASSOLINI...
EEEH! SI E' COSTRUITO UN'ALTRA TESTA!
WATTERSON
SARA' MEGLIO CHE IL SOLE SI SBRIGHI A USCIRE!
ADESSO HA AGGIUNTO UN ALTRO ***BRACCIO!*** E' DIVENTATO UN PUPAZZO MUTANTE ASSASSINO!!!

IL PUPAZZO MUTANTE STA AVANZANDO VERSO CASA!
TAGLIAMO DA DIETRO E COSTRUIAMO UN FORTINO.
COSA PENSI CHE FARA'?
NON SO, MA COMUNQUE ABBIAMO BISOGNO DI PROTEZIONE!
CALVIN, QUEL PUPAZZO DI NEVE E' MOSTRUOSO. NON PUOI FARE DEI PUPAZZI **NORMALI?**
HO TENTATO, PAPI. HO TENTATO.
WATTERSON

QUESTO SARA' IL FORTINO PIU' INESPUGNABILE MAI COSTRUITO!
UGHH
NGGHH
RGHH
MNHG
UNNHH
ECCO! ORA SIAMO IN SALVO DA QUEL MOSTRO DI NEVE!
E' UN PO' CHE NON SI VEDE IN GIRO. CHISSA' PERCHE'.
CIAO, CALVIN. BEL FORTINO.
PUOI DIRLO! I MURI SONO SPESSI MEZZO METRO E DENTRO CI SONO 50 PALLE DI NEVE.
CONTRO CHI DEVI COMBATTERE?
C'E' IN GIRO UN MOSTRO DI NEVE! SE FOSSI IN TE, NON STAREI TANTO FUORI. POTREBBE ESSERE PERICOLOSO.
CHE COS'E' UN MOSTRO DI NEVE?
E' COME UN PUPAZZO DI NEVE, MA E' UN MOSTRUOSO MALVAGIO PARANOICO.
OH, ECCO COSA SONO TUTTE QUELLE MOSTRUOSITA' CHE HAI COSTRUITO DAVANTI A CASA!
COSA INTENDI CON "TUTTE QUELLE"?
GUARDA! UN NUOVO MOSTRO DI NEVE!
NON E' QUELLO CHE HO FATTO IO!
IL MOSTRO ORIGINALE STA FACENDO I SUOI PROPRI MOSTRI!
OH NO!
SCOMMETTO CHE VUOLE CREARE UN ESERCITO! IN POCHI GIORNI POTREBBE COSTRUIRE UN CENTINAIO DI MOSTRI DI NEVE! SE OGNUNO DI LORO NE COSTRUISSE UN ALTRO CENTINAIO, E QUESTI NE COSTRUISSERO UN ALTRO CENTINAIO...
... SAREBBE PIUTTOSTO GANZO, SE NON FOSSE CHE MI VOGLIONO UCCIDERE.
IO VOTO PER FUGGIRE IN FLORIDA.

CALVIN, E' TARDI! E' ORA DI RIENTRARE!
NON POSSO MAMMA! DEVO UCCIDERE I MOSTRI DI NEVE!
PUOI UCCIDERLI DOMANI DOPO LA SCUOLA. VIENI DENTRO.
MA DOMANI CE NE SARANNO DI PIU'!
MUOVITI, CALVIN!
LE MAMME E LA RAGIONE SONO COME IL DIAVOLO E L'ACQUA SANTA.

RIESCI A VEDERE I MOSTRI DI NEVE?
SI'. NE STANNO COSTRUENDO DEGLI ALTRI.
QUANTI NE HAI VISTI?
CIRCA 15.
GENTE, COME FACCIO AD ANDARE A SCUOLA DOMATTINA? NON RIUSCIRO' NEMMENO AD ARRIVARE ALLA FERMATA DEL BUS! NON POSSO FAR FUORI 15 MOSTRI! SONO UN UOMO MORTO!
SOGNI D'ORO.
SI', PROPRIO! POSSO PORTARE UN'ASCIA A SCUOLA DOMANI PER... UM... "MOSTRA E DIMOSTRA"?

I MOSTRI DI NEVE NON SI MUOVONO. STANNO DORMENDO!
ADESSO E' IL MOMENTO DI ATTACCARLI!
NON POSSIAMO USCIRE ORA! SONO LE 10 DI SERA!
AH GIA'. I MIEI SONO ANCORA SVEGLI.
DOBBIAMO ASPETTARE ALMENO UN'ORA.

SHH!
SHH!
SHH!
SHH!
SHH!
SHH!
AH AH AH! MUORI, MOSTRO DI NEVE, MUORI!

PIU' ACQUA, HOBBES! CONGELEREMO I MOSTRI DI NEVE SUL POSTO! MUORI! MUORI!
SROTOLAMI ANCORA UN PO' DI GOMMA! AH AH! QUESTI MOSTRI SARANNO DEI GHIACCIOLI FINO A LUGLIO!
ECCO! LI ABBIAMO PRESI TUTTI! SPRUZZO ANCORA UN PO' D'ACQUA INTORNO, TANTO PER ESSERE SICURO CHE TUTTO SIA BEN GHIACCIATO.
PSSST, CALVIN! I TUOI HANNO LA LUCE ACCESA! PENSO CHE STIA ARRIVANDO TUO PADRE!
UH UH! FORSE DOVREI SPRUZZARE ANCHE LUI.

E' CALVIN! E' FUORI CON IL TUBO PER INNAFFIARE!
E' PASSATA MEZZANOTTE! CHE DOBBIAMO FARE, INCATENARLO AL LETTO?
CALVIN, VIENI DENTRO! CHE COSA PENSI DI...
WAAUGHH!
LO SPIAZZO È TUTTO GHIACCIATO!
CORRI, HOBBES! ANCHE IL PAPA' E' UN MOSTRO DI NEVE!

PAPA', NON MI UCCIDERE! POSSO SPIEGARTI! AIUTO! AIUTO!
MOSTRI DI NEVE! LI HO CONGELATI! STAVANO PER UCCIDERMI, MA IO LI HO UCCISI PRIMA! CHIEDI A HOBBES!
CALVIN, E' MEZZANOTTE PASSATA, CREDIMI, NE DISCUTEREMO **MOLTO** A FONDO DOMANI. VA' A LETTO IMMEDIATAMENTE.
COME SE **ORA** POTESSI ADDORMENTARMI.

VEDETE? VEDETE I MOSTRI DI NEVE? NON LI HO FATTI IO! VOGLIO DIRE, IO NE HO FATTO UNO, PER CASO, MA POI SI SONO FATTI DA SOLI! COSTRUIVANO UN ESERCITO, VEDETE?!
ECCO PERCHE' LI HO CONGELATI IERI SERA! DOVEVO FARLO MENTRE DORMIVANO! ERA LA MIA UNICA POSSIBILITA', VEDETE? VEDETE, TUTTO HA UN SENSO!
VEDETE? VEDETE?
NON VEDONO MAI.

BE', HOBBES, PENSO CHE CI SIA UNA MORALE IN TUTTO CIO'.
E SAREBBE?
"I MOSTRI DI NEVE SONO UN BRUTTO AFFARE."
QUESTA LEZIONE MI SEMBRA POCO APPLICABILE ALTROVE.
A ME PIACCIONO LE MASSIME CHE NON INCORAGGIANO MODIFICAZIONI COMPORTAMENTALI.

calvin and HOBBES
by WATTERSON
SONO A CASAAA!
UN OMINO DI NEVE!
PERCHE' STAI LI' SOTTO SENZA GIUBBOT-TO?
IO? COSI'.
!

DEVI AMMETTERE CHE HA RALLENTATO PARECCHIO IL TRAFFICO NELLA NOSTRA STRADA.

CALVIN!

ALLORA?
SONO COSI' DELUSO.
EHI... PILOTI D JET! FA UN GIRO DELLA MORTE

Calvin and HOBBES
by WATTERSON
EHI HOBBES!.. HOBBES!
E' ORA DI ANDARE A LETTO.
OOOH, NON AVREI VOLUTO DORMIRE FINO A QUESTO PUNTO.
CHISSA' PERCHE' SOGNIAMO MENTRE DORMIAMO.
IL NOSTRO CERVELLO SI ANNOIA? PERCHE' NON CI LIMITIAMO A DORMIRE E BASTA?
FORSE SOGNIAMO PER NON RESTARE SOLI TROPPO A LUNGO. SE OGNUNO SOGNA L'ALTRO POSSIAMO GIOCARE INSIEME TUTTA LA NOTTE.
EHI, SI'!
BENE, CI VEDIAMO TRA POCO VECCHIO MIO!
CI SARO'!
Z
Z

WHAP!!
SEI STATO TU?
CHI, IO?
CHI, IO?
CHI?! IO?
CHI... IO?!
CHI, IO???

SE ACQUISTIAMO ABBASTANZA VELOCITA', FORSE CON MOLTA FORTUNA, RIUSCIREMO A SUPERARE IL BURRONE E SALVARCI LA VITA!
SE INVECE NON CE LA FACCIAMO, PROBABILMENTE PASSEREMO I POCHI GIORNI RESTANTI ATTACCATI A QUALCHE MACCHINARIO E SVARIATI TUBICINI!
O IL SUCCESSO INCREDIBILE O LA SCONFITTA TOTALE! NON C'E' VIA DI MEZZO!
VA BENE, UNA VIA DI MEZZO C'E', MA E' ROBA PER CODARDI.

Calvin and Hobbes
by Watterson
CON GLI STABILIZZATORI FUORI USO E IL CARBURANTE SUL PUNTO DI ESPLODERE, IL NOSTRO EROE SBANDA FUORI CONTROLLO SOPRA UNO STRANO PIANETA INESPLORATO!
SI', E' UN'ALTRA TIPICA GIORNATA DELL'INCREDIBILE ASTRONAUTA SPIFF!
COLPITA DAGLI ZARCHI, L'ASTRONAVE DELL'ASTRONAUTA SPIFF SI SCHIANTA SUL PIANETA PLUTARGO!
INTONTITO MA ILLESO, IL NOSTRO EROE SENZA PAURA SI METTE IN CERCA DI UNA STAZIONE DI SERVIZIO!
ACC! I TERRIBILI ZARCHI HANNO SEGUITO SPIFF SUL PIANETA PER FINIRLO!
CON UN BRIVIDO, IL NOSTRO EROE REALIZZA CHE IL TERRENO SOFFICE E GRANULOSO DEL PIANETA RENDE VISIBILI LE SUE ORME!
PENSANDO RAPIDAMENTE, SPIFF SI METTE A CORRERE ALL'INDIETRO, IN MODO CHE LE SUE ORME SEMBRINO ANDARE NELLA DIREZIONE OPPOSTA!
CON QUESTO SISTEMA IL NOSTRO EROE, ORMAI AL SICURO IN UN NASCONDIGLIO, HA RAGGIRATO GLI ORRIBILI ALIENI!
CALVIN! E' ORA DI RIENTRARE!
SAPPIAMO CHE DIREZIONE HA PRESO. LO TROVEREMO.

ALZATI, CALVIN! FARAI TARDI A SCUOLA.
OGGI IL MIO SPIRITO ANDRA' A SCUOLA MENTRE IL MIO CORPO STARA' A LETTO.
ADESSO IL MIO SPIRITO E' A LETTO.

MANGIATO... MANGIATO... MANGIATO... MANGIATO...
MANGIATO... MANGIATO... MANGIATO... MANGIATO! VINTO!
HAI VINTO SOLO LA MANIFESTAZIONE ESTERIORE DI QUESTO GIOCO. IL MIO SPIRITO E' ANCORA IMBATTUTO.
E' LA 165ESIMA PARTITA CHE PERDI DI FILA.
IL MIO SPIRITO STA PRENDENDO A CALCI LO SPIRITO DELLE TUE PEDINE.

CHI VUOLE RIASSUMERE QUELLO CHE ABBIAMO APPENA DETTO? TU CALVIN?
SPIACENTE! SONO QUI CONTRO LA MIA VOLONTA'. RIFIUTO DI COOPERARE.
POSSONO TRASPORTARE A SCUOLA IL MIO CORPO, MA NON POSSONO INCATENARE IL MIO SPIRITO! IL MIO SPIRITO E' LIBERO! NESSUN MURO PUO' RINCHIUDERLO! NESSUNA LEGGE COSTRINGERLO!
CALVIN, SE TU METTESSI LA META' DELLA TUA ENERGIA PROTESTATARIA NELLO STUDIO...
PUO' PROVARE A LASCIARE UN MESSAGGIO, MA IL MIO SPIRITO SELEZIONA LE CHIAMATE.

E' ORA DI ANDARE A LETTO, CALVIN.
PUOI METTERE A LETTO IL MIO CORPO, MA IL MIO SPIRITO RIMARRA' QUI. QUINDI, PERCHE' DISTURBARSI?
PERCHE' IL CORPO E' LA CASA DELLO SPIRITO E SE NON SEI A LETTO TRA DUE MINUTI, IL TUO SPIRITO SARA' PERENNEMENTE NOMADE.
CASA DOLCE CASA.
WATTERSON

DOVREBBE ESSERCI UNA LEGGE CHE IMPEDISCE DI ANDARE A SCUOLA QUANDO C'E' ABBASTANZA NEVE PER GIOCARCI.
NATURALMENTE PENSO CHE NON DOVREBBE ESSERCI SCUOLA NEMMENO IN **AUTUNNO...** E NEANCHE D'ESTATE... E POI C'E' LA PRIMAVERA...
PENSO CHE SI DOVREBBE ANDARE A SCUOLA UN GIORNO IN NOVEMBRE E UN GIORNO IN MARZO.
WATTERSON
IN SECONDA DOVRAI METTERE NEL CESTINO DEL PRANZO ANCHE IL PULISCI-DENTIERA.
E PRIMA DI ANDARE IN TERZA, POTREI ANDARE IN PENSIONE.

ECCO LA NAVE GIGANTESCA! **AHWOOOOOO! AHWOOOOO!**
MA CHE SUCCEDE?! STA ATTRAVERSANDO A PIENA VELOCITA' IL PERICOLOSO STRETTO!
SI E' ROTTO IL SERBATOIO DEL PETROLIO, MAMI.
HAI VERSATO ***L'INCHIOSTRO*** NELL'ACQUA DEL BAGNO?!
WATTERSON

Calvin and HOBBES
by WATTERSON
STIAMO QUI FERMI UN MOMENTO...
... AD ASSAPORARE IL TERRORE IMMINENTE.
ECCOCI QUA SULLA CIMA DEL MONTE "STORPIO"!
PERCHE'? PERCHE' AMO IL GUSTO PIENO DELLA VITA! SO CHE NON *SI APPREZZA* DAVVERO LA VITA FINCHE' NON SI RISCHIA DI PERDERLA.
AMO FISSARE LA MORTE NEGLI OCCHI FINCHE' ABBASSA LO SGUARDO! SE NON STAI POMPANDO ADRENALINA NON STAI VIVENDO SUL SERIO!
VERO?
ORA COME ORA, PENSO CHE VIVERE SUL SERIO SIA STAR SEDUTI VICINO AL CAMINO A BERE CIOCCOLATA BOLLENTE.
SLURRP

GUARDA COS'HO FATTO, HOBBES.
CHE COS'E'?
CHE ***COS'E'?!*** E' LA MIA SUPER ZAMPA D'UCCELLO! LA SCHIACCIO NELLA NEVE E TUTTI CREDERANNO CHE SIA PASSATO UN POLLASTRO DI DUE TONNELLATE!
PENSO CHE IL PASSAR DEL TEMPO PESI PIU' SU CERTE PERSONE CHE SU ALTRE!
E' GELOSO PERCHE' IO PORTO A TERMINE TANTE PIU' COSE DI LUI.

EHI, PAPI. SAI CHE VUOI SEMPRE CHE IO SPALI LA NEVE DAL VIALETTO? BE', HO UN'IDEA ***MIGLIORE!***
SPALO LA NEVE E LA COMPATTO IN UNA GRANDE RAMPA! TU ENTRI IN MACCHINA, MANDI SU DI GIRI AL MASSIMO IL MOTORE, ABBASSI LA FRIZIONE, SGOMMI COME UN PAZZO E TI FIONDI SULLA RAMPA!
POTREMMO ALLINEARE BARILI E COSE COSI' SUL VIALETTO E VEDERE QUANTI NE PRENDI! NON SAREBBE FORTE?!
NON CAPISCO NEMMENO PERCHE' CERTA GENTE CE ***L'ABBIA,*** LA MACCHINA.

AUGHHH! UN SERPENTE DI NEVE MI HA CATTURATO!
GLI ORRIBILI DENTI INTERNI DELLA MANDIBOLA DISARTICOLATA MI SPINGONO GIU' NELLA SUA GELIDA GOLA! SCAPPA SE VUOI AVER SALVA LA VITA!
ALMENO IO ***HO*** UNA VITA... NON COME CERTI SCEMI DI MIA CONOSCENZA.
SUPPONGO CHE SE AVESSI DUE CROMOSOMI X, MI SENTIREI UGUALMENTE OSTILE.

Calvin and Hobbes
by WATTERSON
CALVIN IMPROVVISAMENTE SI ACCORGE CHE IL MONDO NON HA PIU' ALCUN TIPO DI COLORE.
SONO I FOTORICETTORI NEGLI OCCHI DI CALVIN A NON FUNZIONARE PIU', O E' LA NATURA DELLA LUCE CHE E' CAMBIATA?
FORSE QUALCHE STRANA REAZIONE NUCLEARE O CHIMICA SUL SOLE HA CAUSATO UNA RADIAZIONE ELETTROMAGNETICA CHE HA PROVOCATO UNA SEPARAZIONE NELLO SPETTRO!
FORSE GLI OGGETTI NON RIFLETTONO PIU' CERTE LUNGHEZZE D'ONDA! QUALUNQUE NE SIA LA CAUSA, CALVIN CAPISCE CHE NON SERVE DISCUTERNE CON SUO PADRE!
IL PROBLEMA E' CHE TU VEDI TUTTO IN BIANCO E NERO.
A VOLTE È PROPRIO COSÌ CHE SONO LE COSE!

tRoppa SEVER
NiENtE compiti
il padRE di calviN E' iNGiusto
BAGNi
a lEtto piu' taRdi
piu' libERta'
NESSUN ALTRO IN UFFICIO RACCONTA COSE DI QUESTO GENERE.

MI PIACE SCENDERE CON LA SLITTA, MA ODIO RISALIRE A PIEDI!
TROPPA FATICA! TROPPO TEMPO! CHE BARBA!
TROVATO! MI SIEDO SULLA SLITTA E TU MI TIRI, OK? CORRI PIU' FORTE CHE PUOI ZIGZAGANDO TRA GLI ALBERI!
PERFINO I MIEI **AMICI** NON FANNO QUELLO CHE VOGLIO.

E' DA STAMATTINA CHE CALVIN STA COSTRUENDO QUALCOSA QUA FUORI.
NON CAPISCO COSA SIA. E TU?
DA QUI NON ASSOMIGLIA A NIENTE.

Calvin and Hobbes
by WATTERSON
UN GIORNO D'INVERNO, DA UN MONDO DISTANTE, HO VISTO ARRIVARE UN DISCO VOLANTE.
CON STRANO RONZIO DI COLPO ATTERRO'. GLI ALIENI GUARDAVANO DA TUTTI GLI OBLO'!
CALARONO UN GANCIO E, A QUEL CHE RICORDO, DELL'UFO GIGANTE MI ISSARONO A BORDO.
LI', PUR SOVRASTATO, CERCAI DI LOTTARE: STRAPPAI LORO ANTENNE E BULBO OCULARE.
LEGATOMI TUTTO, CONCLUSER LA LOTTA, FISSANDO AL MIO CRANIO UNA STRANA CALOTTA.
EH GIA': DAL CERVELLO VOLEVAN CARPIRE LE COSE CHE NON GLI VOLEVO DIRE.
MA NUMERI, CIFRE E OGNI EQUAZIONE FINIRON DISTRUTTI NELL'OPERAZIONE.
2+7 = 15
9+6 = 50
FUGGII POI DA SCALTRO, MA CON L'ARITMETICA HO CHIUSO PER SEMPRE PER CUI CHIEDA A UN ALTRO!
4 + 5 =

ECCO SUSIE! EHH EHH! GUARDA COME LA CENTRO IN PIENO!
YAAA!
PIFF
SAI, *RITENGO* CHE LA FORZA DI GRAVITA' SIA ECCEZIONALMENTE FORTE OGGI.
QUESTO SPIEGHEREBBE COME LA TUA TAPIOCA SIA FINITA SOTTO IL CALORIFERO STAMATTINA.

OVVIAMENTE NON POSSO LANCIARE PALLE DI NEVE A SUSIE CON QUESTO AUMENTO DELLA GRAVITA'.
QUESTO E' COMPITO PER...
... PER?
LA MAMMA DEVE AVER MESSO IL MIO MANTELLO NEL CASSETTO SBAGLIATO!

ALLORA, QUESTO E' UN COMPITO PER?
STUPENDOMAN!
MFF! GHH!
I SUPEREROI USANO I PANTAVENTO?
QUANDO NEVICA SI'!
QUESTO SI' CHE E' UN COMPITO PER STUPENDOMAN!
NATURALMENTE LA LAMPO SI INCEPPA SE UNO STA LI' A *FISSARMI!*

L'ECCESSIVA GRAVITA' NON PUO' NULLA CONTRO LA STUPENDA FORZA DI **STUPENDOMAN!**
CON POTENTI MUSCOLI, IL POTENTE UOMO MASCHERATO PREPARA UNA GIGANTESCA PALLA DI NEVE...
E VOLA ALTO NELLA STRATOSFERA...
... DA DOVE USA LA SUA STUPENDA VISTA PER LOCALIZZARE LA DIABOLICA **BAMBINA STRAROMPI!**

DALL'ALTO DEL CIELO **STUPENDOMAN** APPROFITTA DELLA FORTE GRAVITA' TERRESTRE!
UN COLPO DIRETTO! **STUPENDOMAN** TRIONFA!
DOPO AVER SCONFITTO LA **BAMBINA STRAROMPI**, IL TURBINE VOLANTE TORNA AD ASSUMERE LA SUA IDENTITA' SEGRETA!
HAI AVUTO LA MEGLIO?
ANCORA UNA VOLTA REGNA LA GIUSTIZIA!
CALVIN, HA CHIAMATO LA MAMMA DI SUSIE. DEVO PARLARTI.

LA MAMMA DI SUSIE DICE CHE HAI FATTO CADERE DA UN ALBERO UNA ENORME PALLA DI NEVE SOPRA SUSIE.
NON POSSO ESSERE STATO IO! IO SONO ESTREMAMENTE MITE.
HA DESCRITTO ESATTAMENTE IL MANTELLO E IL CAPPUCCIO CHE TI HO FATTO IO.
DEV'ESSERE **STUPENDOMAN**, DIFENSORE DELLA LIBERTA' E DELLA GIUSTIZIA! SONO CERTO CHE SUSIE SE LO MERITAVA.
ASCOLTAMI. COSI' POTRESTI FARE DEL MALE A QUALCUNO, E SE SENTO ANCORA UNA COSA DEL GENERE, TI SEQUESTRO IL COSTUME PER SEMPRE, CAPITO?
MMM, QUESTO SEMBREREBBE **UN ALTRO** COMPITO PER STUPENDOMAN!
AL MOMENTO NON MI SEMBRA PROPRIO SIA IL SUO TIPO DI COMPITO.

Calvin and HOBBES
WATTERSON
LA MAMMA NON MI LASCIA MAI VEDERE I PROGRAMMI TELEVISIVI CHE VOGLIO REALMENTE VEDERE.
PERCHE' NO?
DICE CHE SONO TROPPO EDUCATIVI.
IERI SERA HO VISTO UN PROGRAMMA SULLA NATURA.
E DOPO HO CHIESTO AL PAPA' SE VERAMENTE LA VITA NON E' ALTRO CHE CERCARE DI SOPRAVVIVERE ABBASTANZA DA POTERSI RIPRODURRE PRIMA DI DIVENTARE CIBO PER QUALCUN ALTRO.
E LUI COS'HA DETTO?
BE', MI HA GUARDATO UN MOMENTO E POI HA DETTO CHE NON SAPEVA PER IL RESTO, MA CHE PENSAVA CHE L'IMPORTANZA DELLA RIPRODUZIONE FOSSE DECISAMENTE SOPRAVVALUTATA.
HO NOTATO IN QUESTI PROGRAMMI CHE I MASCHI LASCIANO IL BRANCO IN GIOVANE ETA'.
IO PENSO CHE SIA UN BENE CHE CHIUNQUE DIVENTI CIBO.

PAPI, IN CHE MODO L'UCCIDERSI A VICENDA DEI SOLDATI RI-SOLVE I PRO-BLEMI DEL MONDO?
IO PENSO CHE GLI ADULTI SI LIMITINO AD **AGIRE** COME SE SAPESSERO QUELLO CHE FANNO.

CIAO, TESORO! COM'E' ANDATA LA SCUOLA?
SONO RIMASTO PRIGIONIERO DEI PANTA-VENTO.
UH OH. COS'E' SUC-CESSO?
LA LAMPO SI ERA GHIACCIA-TA, HO PROVA-TO A FORZAR-LA, IL GUANTO E' RIMASTO IMPIGLIATO NELLA LAMPO E L'HA BLOC-CATA.
HO PROVATO A **TIRAR FUORI** I PANTAVENTO, MA HO DIMEN-TICATO DI TOGLIERMI PRIMA GLI STIVALI, COSI' **LORO** SONO RIMASTI BLOCCATI E I PANTA-LONI SI SONO TUTTI ARROTO-LATI E SONO CADUTO. ALLA FINE LA MAESTRA HA DOVU-TO CHIAMARE DUE AIUTANTI PER LIBERARMI!
QUINDI E' CHIARO CHE DOMANI LI VOGLIO METTE-RE ANCORA.

GUARDA, HO DELLA CRETA PER MODELLARE.
CHE STAI FACENDO?
QUESTA E' UNA ZAMPA.
UNA ZAMPA?
ESATTO! SARA' UN MIO RI-TRATTO EQUESTRE A GRAN-DEZZA NATURALE!
UN NUOVO CAVALIERE DEL-L'APOCALISSE, EH?
PENSO CHE AVRO' BISOGNO DI ALTRA CRETA.

Calvin and HOBBES
by WATTERSON
HO DECISO DI ESSERE PIU' ALTRUISTA, DI FARMI PIU' AMICI!
COME MAI?
NON HO RICEVUTO ABBASTANZA REGALI.
D'ORA IN POI INTENDO DEDICARMI A COLTIVARE LE RELAZIONI INTERPERSONALI.
DOPO TUTTO L'UOMO NON E' UN'ISOLA. ABBIAMO BISOGNO DEGLI ALTRI. SIAMO ENTITA' SOCIALI CON BISOGNI SOCIALI.
COSI' OGGI COME OGGI HO DECISO DI ESSERE TUTT'UNO CON IL MIO SIMILE, DI SVILUPPARE QUELLE PROFONDE AFFINITA' CHE... UN MOMENTO...
EHI, SUSIE! BECCATI QUESTA!
POW
AHAH !!
AUGH AIUTO
AIUTO
HO CAMBIATO IDEA, HOBBES. LA GENTE FA SCHIFO.
PENSO CHE LA VERA FELICITA' SI POSSA TROVARE SOLO NELLA TOTALE DISPONIBILITA' VERSO GLI ANIMALI.

IL MIO TEMA E' INTITOLATO "A CASA DOPO LA SCUOLA"... AHEM...
"IL PEGGIO NON E' ESSERE INCATENATO IN CANTINA, E' CHE QUANDO MI LANCIANO GIU' IL CIBO, I TOPI SONO AVVANTAGGIATI DAL NUMERO E..."
COME, SIGNORA VERMONI?
UN'ALTRA CONVOCAZIONE DELLA MAESTRA?
LE HO DETTO DI ASPETTARSI CHE NEGHERAI TUTTO.

SSSS
SNAP
FSSSST
POP!
SNARRLL
YOWP
GRRRR
FSSSSS
PSSSTSS
GRRRR
ECCO PERCHE' MI SONO MESSO QUI.

MAMMA! MAMI!
COSA SUCCEDE? CHE C'E'?
HOBBES VUOLE UN ALTRO BACINO DELLA BUONANOTTE.
MA SONO LE DUE DI NOTTE!
DICE CHE IL PRIMO BACIO NON HA ATTACCATO.
UMF, MI SEMBRA CHE NON ABBIA ATTACCATO NEMMENO QUESTO.
OH, PIANTALA E DORMI!

Calvin and Hobbes
by Watterson
IL LONTANO PIANETA Z-2.
LONTANO PER CHIUNQUE, MA NON PER L'ASTRONAUTA SPIFF!
L'ESPLORATORE SENZA PAURA SORVOLA LE DESOLATE DUNE DI UN PIANETA SCONOSCIUTO!
NON C'E' VEGETAZIONE SUL TERRENO, MILIONI DI ANNI SENZA UN'ATMOSFERA HANNO RESO LA SUPERFICIE DESERTICA.
QUALE STRANA COMPOSIZIONE CHIMICA AVRA' IL SUOLO? IMPROVVISAMENTE LE ROCCE CAMBIANO COLORE!
DIAMINE! UNA MONTAGNA GIGANTESCA SI SOLLEVA!
DALL'ALTO SPIFF SCOPRE CHE NON SI TRATTA DI UNA MONTAGNA, MA... DI UN ORRENDO MOSTRO!
SG! MF! UHHH! CHE ORE SONO?!
LA CREATURA SEMBRA OSTILE! SENZA POR TEMPO IN MEZZO IL NOSTRO EROE PREPARA UNA BOMBA IDRICA!

AUGH!
CHI È STATO?!
LO STRILLO DELLA PUPA ERA DI QUELLI CHE FANNO ABBAIARE I CANI, MA VOLEVA DIRE CHE C'ERA UN CASO PER ME, E IL FRUSCIARE DEI DOLLARI E' SEMPRE MUSICA PER LE *MIE* ORECCHIE. DOPOTUTTO NON SONO UN CRITICO MUSICALE. SONO UN OCCHIO PRIVATO.
HO DUE MAGNUM NELLA SCRIVANIA. UNA E' UNA PISTOLA E LA TENGO CARICA. L'ALTRA E' UNA BOTTIGLIA E *MI* TIENE CARICO. SONO TRACER BULLET, UN SEGUGIO PROFESSIONISTA.
FACCIO UN LAVORO DURO, MA SONO UN TIPO DURO. CERTA GENTE NON AMA AVERE PUBBLICO MENTRE LAVORA E ME L'HA SPIEGATO CON UN TALE NUMERO DI CORPI CONTUNDENTI CHE SONO IL SOGNO DI UN FRENOLOGO DIVENTATO REALTA'.
COMUNQUE FARE LO SPIONE E' UN MODO COME UN ALTRO PER PAGARE IL CONTO DEL BOOKMAKER.
COSI' QUANDO QUELLA SVENTOLA BRUNA SI PRESENTO' CON UN CASO PER ME, IL MIO CUORE FECE UNA CAPRIOLA E ACCETTAI.
LA SVENTOLA DISSE CHE AVEVA UN PROBLEMA. SEMBRAVA LEI STESSA UN PROBLEMA, MA NON POSSO SCEGLIERMI I CLIENTI.
ERA UN TIPO SPINTO. IL TIPO CHE TI PUO' SPEZZARE IL CUORE, E MAGARI ANCHE UN BRACCIO.
O AVEVA UN ARREDATORE PSICOPATICO, O LA SUA CASA ERA STATA VISITATA DA QUALCUNO CHE AVEVA MOLTA FRETTA.
BEH?! COME LO SPIEGHI?
QUELLA DONNA ERA ISTERICA. LE DONNE LO SONO, DI SOLITO.

CHE COS'HAI DA DIRE?
DEVO CONSIDERARE GLI INDIZI.
IL CLICK DI UN GRILLETTO DIETRO LA NUCA MI FECE CONCENTRARE COME RIESCE A FARE SOLO UNA .38 CARICA.
LA TIPA MI AVEVA GIOCATO! NON VOLEVA CHE RISOLVESSI IL CASO. VOLEVA SOLO UN CAPRO ESPIATORIO!
ALLORA?
NON MI PIACEVA COME SI METTEVA LA STORIA. DECISI DI SCRIVERE UN NUOVO FINALE CON L'AIUTO DELLA MIA .45 AUTOMATICA.

PRESENTAI ALLA PULZELLA UN AMICO MOLTO VICINO AL MIO CUORE. SOLO UN PO' PIU' IN BASSO E A SINISTRA.
IL MIO AMICO E' MOLTO ELOQUENTE. MENTRE TIRAVA FUORI TRE PROFONDI ARGOMENTI, LASCIAI LA STANZA. ME NE VADO SEMPRE QUANDO LA DISCUSSIONE DIVENTA FILOSOFICA.
ORA SEI DAVVERO NEI PASTICCI GIOVANOTTO!

STAVO SISTEMANDO GLI ULTIMI PEZZI DEL PUZZLE, QUANDO IL SERVO SCEMO DELLA DONNA SALTO' FUORI NON SO DA DOVE. DOVEVA ESSERE UN ASPIRANTE CHIROPRATICO.
QUANDO TUTTO FU FINITO, UNA SINFONIA PER FIATI E PERCUSSIONI STAVA SUONANDO NELLA MIA TESTA E L'ACUSTICA ERA INCREDIBILE. UN TOUR ORCHESTRALE NEL MIO CERVELLO, CON BIGLIETTI DI PRIMA FILA.
AVEVO CAPITO CHI AVEVA MESSO A SOQQUADRO LA STANZA DELLA DONNA, MA DATO CHE NON ERA PIU' MIA CLIENTE NON AVREI DIVULGATO L'INFORMAZIONE.
OLTRE TUTTO IL COLPEVOLE ERA UN MIO AMICO. CHIUSI IL CASO.
ERA MEGLIO SE GIOCAVAMO FUORI, EH?

CHE COMBINI, OGGI?
NIENTE, PER ORA.
"PER ORA"?
BEH, NON SI SA MAI. QUALCOSA ***POTREBBE*** ACCADERE.
E SE ACCADE, PERDIANA, VOGLIO ESSERCI PREPARATO!
HO BISOGNO DI UN ABITO COME QUELLO.

HO APPENA VISTO LA PUBBLICITA' DI UNA CROCIERA DI LUSSO. PERCHE' NON FACCIAMO MAI VACANZE COSI'?
LE VACANZE SERVONO COME PIETRA DI PARAGONE.
EHH?
FACCIAMO APPOSTA SCOMODISSIME VACANZE IN TENDA, COSI' VIVERE ***QUI*** IL RESTO DELL'ANNO CI SEMBRA UNA CROCIERA DI LUSSO.
TI PREGO, DIMMI CHE SONO STATO ADOTTATO.

SAI, NON CREDO CHE LA MATEMATICA SIA UNA SCIENZA. DEVE ESSERE UNA RELIGIONE.
UNA RELIGIONE?
GIA'. TUTTE QUESTE OPERAZIONI SONO DEI MIRACOLI. PRENDI DUE NUMERI, LI AGGIUNGI E MIRACOLOSAMENTE DIVENTANO UN ***NUOVO*** NUMERO! NESSUNO DICE COME SUCCEDE. O CI CREDI O NON CI CREDI.
IL LIBRO E' PIENO DI COSE A CUI BISOGNA CREDERE SULLA PAROLA! E' UNA RELIGIONE!
OLTRETUTTO IN UNA SCUOLA PUBBLICA. CHIAMA L'AVVOCATO.
COME ATEO IN MATEMATICA DOVREI ESSERE ESONERATO.

UN QUALSIASI GHEPARDO PUO' FARE 60 MIGLIA ALL'ORA. UN UMANO NEMMENO UN QUARTO. CHE ROBA!
BEH, GLI UMANI NON HANNO BISOGNO DI ESSERE TANTO FORTI O VELOCI PERCHE' *SONO* PIU' *INTELLIGENTI!*
SE I FELINI SONO TANTO BRAVI, COME MAI NON HANNO AUTOMOBILI, O MISSILI, O REATTORI... UM... NUCLEARI, O... VOGLIO DIRE...
E DI NOTTE CI VEDIAMO *SEI VOLTE* MEGLIO DI VOI! PER NON PARLARE DELL'AGILITA'!
HMPF.

AUGHH
IL BRIVIDO DELLA CACCIA E' MOLTO MINORE QUANDO LA PREDA HA LE GAMBE CORTE.
OH, MI DISPIACE DAVVERO!

AH! SONO FINITO SU "PROBABILITA'"! DEVO PRENDERE UNA CARTA!
OH NO!
DICE "FRODATA LA BANCA. COMPUTER PIRATATO STORNA $5,000 SUL TUO CONTO".
$5,000?!
PENSO CHE COSTRUIRO' UNA DOZZINA DI ALBERGHI.
OOOH, VEDRAI QUANDO FINISCO *IO* SU PROBABILITA'!
MONOPOLI E' PIU' DIVERTENTE SE SI INVENTANO LE CARTE DELLE PROBABILITA'.

Calvin and HOBBES
by WATTERSON

BOK BOK BOK BOK
IN QUALCHE MODO MI SENTO OFFESO DALL'IMPLICITA IPOTESI DEL FABBRICANTE CHE QUESTA ROBA POSSA DIVERTIRMI.

EHI, PAPI, HOBBES DICE CHE LE TIGRI SONO MOLTO PIU' EVOLUTE DEGLI UMANI!
DICE CHE SE FOSSIMO SULLO STESSO PIANO E NOI NON AVESSIMO LE ARMI, NON SAREMMO ALTRO CHE *CIBO PER TIGRI!* DIGLI CHE NON E'...
ECCO! 10 CENT.
NE AVEVAMO SCOMMESSI 25, IMBROGLIONE.

BU-URRPP!
CLAP
CLAP
CLAP
CLAP
CLAP
CLAP
FUORI L'AUTORE!
ANCORA! BIS!
FILISTEI.

OGGI NON VADO A SCUOLA.
AH, NO?
NO. STARO' A CASA A GUARDARE LA TV TUTTO IL GIORNO!
EVIDENTEMENTE SONO STATO INFORMATO MALE.

PER "MOSTRA E DIMOSTRA" HO PORTATO UNA DELLE MIE INVENZIONI IN ATTESA DI BREVETTO!
HO IN MANO UN CRETINIZZATORE INVISIBILE! UN SOLO COLPO FA DIVENTARE LA VITTIMA UN PERFETTO IDIOTA!
OH, CALVIN! DACCI UN TAGLIO!
VEDETE? FUNZIONA ANCHE A LUNGA DISTANZA.
EHI!

TROVATE OSSA DI DINOSAURO?
MACCHE'.
VORREI VIVERE IN POSTI COME I CALANCHI DEL MONTANA, DOVE L'EROSIONE DEL TERRENO PORTA ALLA LUCE LE OSSA.
QUI INVECE BISOGNA COMINCIARE A SCAVARE E POI SPERARE.
QUINDI L'APPROCCIO SISTEMATICO, EH?
GIA', MI SA CHE DOVRO' RIMUOVERE QUELL'ALBERELLO.

Calvin and HOBBES
by WATTERSON
NYUP NCHYUP
PENSO CHE UN RUTTO SIA MORTO MENTRE TENTAVA DI USCIRE.
HO SETE.
THUMP
GLI OCCHI DI UN MOSTRO!
AIUTO! AIUTO! MI SEGUE!
MI HA PRESO! SENTO LE SUE TERRIBILI ZANNE!
CRASH
BONK
CAMMINAVA ANCORA NEL SONNO!
TORNA A LETTO, TESORO, HAI AVUTO UN INCUBO.
OH, ERI TU!
CERTO CHE E' TERRORIZZANTE AVERE UN AMICO I CUI OCCHI BRILLANO NEL BUIO.
COSI' POSSIAMO VEDERE LA GENTE CHE SCENDE DI SOPPIATTO DAL LETTO PER FARSI UNO SPUNTINO SENZA OFFRIRCENE.

CASPITA! COME SEI PULITO ED ELEGANTE!
CREDO ALL'IMPORTANZA DI UNA BUONA TOELETTA.
A PROPOSITO, ORA E' MEGLIO CHE FACCIA IL BAGNO PRIMA DI ANDARE A LETTO.
CHE COSA STAI ARCHITETTANDO?

HO SENTITO CALVIN FARE IL BAGNO, MA NON C'E' ACQUA PER TERRA!
HA RIAPPESO L'ASCIUGAMANO E RIMESSO IL TAPPO AL DENTIFRICIO. NON C'E' DISORDINE!
SEI GIA' A LETTO?!?
DAI UN'OCCHIATA AI MIEI COMPITI COSI' DOMATTINA PRIMA DI ANDARE A SCUOLA CORREGGO GLI ERRORI? GRAZIE, MAMMA.
PSICOLOGIA DEL BAMBINO

BUONGIORNO, MAMMA.
SEI GIA' VESTITO?! MA NON TI HO NEPPURE CHIAMATO!
MI PIACE ALZARMI PRESTO, COSI' NON DEVO FARE IN FRETTA!
E COL TEMPO A DISPOSIZIONE POSSO RIPASSARE LE LEZIONI.
STO RACCOGLIENDO LE FORZE PER QUANDO MI SVEGLIERO' DA QUESTO SOGNO.
NON TI SCOMODARE, MI PREPARO LA COLAZIONE DA SOLO. CI SONO DELLE PRUGNE?

HO FATTO IL LETTO E LAVATO LE TAZZE DELLA COLAZIONE! E ORA VADO A SCUOLA!
BUONA GIORNATA.
GRAZIE. STUDIERO' UN SACCO. LA CULTURA NON HA PREZZO.
FUNZIONA ALLA GRANDE!
NON RIESCO A CREDERE CHE TUA MAMMA CI SIA CASCATA.

STAVOLTA HO DAVVERO PERFEZIONATO IL MIO DUPLICATORE.
duplicatoRE
buono cattivo
AMMETTO CHE ANDAVA PERFEZIONATO.
NON CAPISCO COME NON MI SIA VENUTO IN MENTE PRIMA. E' BASTATO AGGIUNGERE UN ETICATORE!
ADESSO INVECE DI FARE UN DUPLICATO COMPLETO DI ME STESSO, HO FATTO UN DUPLICATO SOLO DEL MIO LATO BUONO! LUI FA TUTTO IL LAVORO E IO MI BECCO IL MERITO!
LO SO! POSSO RISPONDERE?
SO CHE LO SAI, MA LASCIA RISPONDERE QUALCUN ALTRO, CARO!

L'ULTIMA VOLTA CHE HAI FATTO UN DUPLICATO DI TE STESSO, IL DUPLICATO HA FATTO DEI DUPLICATI, RICORDI?! E' STATO UN MACELLO!
GIA', MA GRAZIE ALL'ETICATORE, QUESTA VOLTA NON SUCCEDERA'!
DUPLICANDO SOLO IL MIO LATO BUONO, E' EVIDENTE CHE QUESTO DUPLICATO NON PUO' FARE PASTICCI! E' UN VERO BOY SCOUT!
duplicatoRE
buono cattivo
NON C'E' NIENTE CHE QUESTO ALLOCCO AMI DI PIU' CHE RENDERE PIU' FACILE LA VITA A TUTTI! VIVE PER QUESTO!
duplicatoRE
buono cattivo
L'ETICATORE DEVE AVER SCAVATO MOLTO PER RIPORTARLO ALLA LUCE!
SI TRATTA DI UN TIPO FACILMENTE SFRUTTABILE!

QUANDO HAI FINITO DI METTERE A POSTO, PUOI COMINCIARE IL COMPITO DI MATEMATICA.
OK.
CHE VITA, RAGAZZI! FACCIAMO QUEL CHE CI PARE E L'ANGIOLETTO SBRIGA TUTTO IL LAVORO! E NON SI LAMENTA NEMMENO!
LA VIRTU' SI RICOMPENSA DA SOLA.
NON SI LAMENTA, MA COMINCIA A DARMI SUI NERVI.

SALVE, POSSO PORTARTI I LIBRI?
SI', COSI' ME LI SBATTI IN QUALCHE POZZANGHERA O ROBA DEL GENERE! SCORDATELO!
NON LO FAREI MAI!
GIA', PROBABILMENTE FARESTI QUALCOSA DI ***PEGGIO!*** I MIEI LIBRI NON LI TOCCHI, CALVIN!
STRETTAMENTE PARLANDO, NON SONO CALVIN. SONO LA MANIFESTAZIONE FISICA DEL LATO ***BUONO*** DI CALVIN.
SE FOSSE VERO, SARESTI MOLTO PIU' PICCOLO.
MI SA CHE SENTIRO' SPESSO QUESTA BATTUTA.
E SE CREDI DI POTERMI PRENDERE I LIBRI FACENDO LO STRANO PIU' DEL SOLITO, NON PENSARCI NEMMENO!

SAI, CALVIN, QUELLA GRAZIOSA BAMBINA DEVE PENSARE CHE SEI UN DISASTRO.
CHI, SUSIE? NON DIRMI CHE HAI PARLATO CON SUSIE!
SI'. LE HO OFFERTO DI PORTARLE I LIBRI E LEI...
COSA HAI FATTO?!
CHIARAMENTE NON HA FIDUCIA IN TE.
ODDIO! NON TI AVRA' VISTO QUALCUNO PER CASO?! ADESSO PENSERA' CHE LEI MI PIACE!
MI SEMBRAVA AGITATA, COSI' HO COLTO DEI FIORI E GLIELI HO PORTATI, MA...
AUGHH! AUGHH! AUGHH!

HO SENTITO CHE SEI UN AMORE CON LE SIGNORE!
OH, PIANTALA! E' QUEL DANNATO DUPLICATO E LO SAI!
CAVOLI, ADESSO ESAGERA! NON M'IMPORTA CHE PULISCA LA STANZA E PRENDA DEI BEI VOTI SE POI FA IL CARINO CON SUSIE! MA NON LO SA CHE E' UNA RAGAZZA?!
PENSO DI SI'. STA RITAGLIANDO UN CUORE ROSSO DI CARTA.
WAUGH!
... chi fa battere il mio cuore? solo Susie col suo amore.

NON DIRMI CHE IL MIO DUPLICATO SCRIVE LETTERE D'AMORE!
TU, PICCOLO LATIN LOVER!
SONO IL DITTATORE ASSOLUTO DEL CLUB "PROIBITO ALLE RAGAZZE VISCIDE"! LA MIA REPUTAZIONE! IL MIO ONORE! DEVO FERMARLO!
OH NO! NON E' IN CAMERA! STARA' GIA' ANDANDO DA SUSIE!
PROBABILMENTE IN QUESTO MOMENTO SI STANNO SBACIUCCHIANDO!
ALTRO SARCASMO?! SE VIENI QUI ANCORA TI PICCHIO, CALVIN.

ANCORA TU?!
SONO GIA' STATO QUI?
SEI PAZZO?! SEI STATO QUI DUE MINUTI FA!
UH OH. SONO ANCORA QUI PER CASO?
SEI QUI PROPRIO ADESSO!
QUESTO LO VEDE CHIUNQUE! MA SONO QUI IN QUALCHE ALTRO MODO?!
SLAM
SSST! CHI PUO' PENETRARE LA MENTE DELLE FEMMINE?
COMUNQUE A ME PIACCIONO.

ECCOTI.
ECCOTI TE!
SEI IMPAZZITO A PORTARE A SUSIE UNA VALENTINA?
NON L'HA NEMMENO VOLUTA! SEI COSI' ODIOSO CHE TEME CI SIA SOTTO QUALCOSA!
A CHI ODIOSO, ANGIOLETTO PAPPAMOLLA?!
A TE, MONELLACCIO EGOCENTRICO!
FINO A CHE PUNTO SI PUO' ESSERE ESISTENZIALI?

E' LA LOTTA CHE VUOI?! ORA TI STACCO IL...
SI'? SI'?
OOOPS! HO AVUTO UN PENSIERO CATTIVO!
FFTT
UN ALTRO CASO DI METAFISICA APPLICATA.
IL MIO ETICATORE DEVE AVERE UN DISPOSITIVO DI SCOMPARSA COLLEGATO AL COMPROMESSO MORALE! SONO UN GENIO!

SEI L'UNICA PERSONA CHE CONOSCO IL CUI LATO BUONO SIA INCLINE ALLA CATTIVERIA.
ECCO PERCHE' E' SPARITO.
POTEVA ESSERE PERFETTO ASTRATTAMENTE. NELLA SUA MANIFESTAZIONE UMANA VOLEVA PICCHIARMI. E' EVAPORATO APPENA IN TEMPO.
AFFASCINANTE.
SI'.
NATURALMENTE ADESSO DOVRAI FARE I COMPITI DA SOLO.
VERAMENTE, ORA CHE IL MIO LATO BUONO NON ESISTE PIU' FISICAMENTE, TROVO CHE SIA MOLTO PIU' SEMPLICE IGNORARLO.

Calvin and Hobbes
by WATTERSON
AAAA
AA
PENSO CHE QUESTI FUMETTI SIANO TROPPO SPAVENTOSI.
PROBABILE! GUARDA COME E' CONTRATTO!

FINE DEL PRIMO CAPITOLO. FERMIAMOCI QUI.
NO, LEGGIMI TUTTO IL LIBRO.
CALVIN, SONO PIU' DI CENTO PAGINE ED E' TARDI. LEGGEREMO UN ALTRO CAPITOLO DOMANI.
NO, NO! FINISCILO STASERA!
PERO', TI DEVE PIACERE PARECCHIO!
DEVO FARE IL RIASSUNTO PER DOMANI.

SAI COS'HO NOTATO, HOBBES? LE COSE NON TI PREOCCUPANO SE NON CI PENSI.
QUINDI DA ADESSO NON PENSERO' A NIENTE CHE NON MI PIACCIA E SARO' FELICE TUTTO IL TEMPO!
NON PENSI CHE SIA UN MODO PIUTTOSTO SCIOCCO E IRRESPONSABILE DI VIVERE?
CHE SPLENDIDA GIORNATA.

CHE CI FAI FUORI SOTTO LA PIOGGIA?
STO LOTTANDO CON LA FORZA DI VOLONTA'! SIAMO IO E LA NATURA!
CHI DEI DUE CEDERA' PER PRIMO? SARA' LA NATURA A SMETTERE DI PIOVERE, O SARO' IO A CEDERE E A RIENTRARE? NON SI SA, MA IO SONO DECISO A VINCERE!
KABOOM!
OOOH, SAI CHE RUMORE! NON MI SPAVENTI! TANTO NON RIENTRO!
POVERACCIO. NON CE L'HA FATTA A SOPPORTARE LA SUSPENSE.

Calvin and Hobbes
by WATTERSON
UH, OH, ECCO CALVIN...
... IL TESTIMONIAL DELLA STRANEZZA INCURABILE.
CIAO, CALVIN. PERCHE' HAI LA MASCHERINA E IL SECCHIO?
HMPH
QUESTA E' UNA POESIA! DI UNA COSA SEI COMANDATA! ECCO QUI UN SECCHIO DI ACQUA GHIACCIATA!
QUEST'ACQUA IN TESTA MI DEVI BUTTARE! SU, FALLO! PRESTO! NON ESITARE!
VEDRAI QUANDO TOCCHERA' A *TE* IL "POSTO DELLA POESIA FUNESTA"! ALLORA SI' CHE MI DIVERTIRO'!
WHEEE! MI PIACE GIOCARE A CALVINBALL! QUESTA E' LA ZONA "SACCO E BANDIERA".

DEVO FARE UN ANNUNCIO. DA OGGI NON RISPONDERO' PIU' AL NOME "CALVIN".
D'ORA IN POI, VOGLIO ESSERE CHIAMATO "CALVIN L'ARDITO".
CALVIN L'ARDITO?
ESATTO. E' IL MIO NUOVO NOME PER IL RESTO DELLA MIA VITA.
CHE NE DICI DI "CALVIN LO SQUILIBRATO"?
CALVIN L'ARDITO COMINCERA' A PARLARE DI SE STESSO IN TERZA PERSONA.
WATTERSON

CALVIN, PUOI RISOLVERE TU IL PROSSIMO PROBLEMA?
CALVIN?
CHI?
TU!
CALVIN L'ARDITO CHIEDE DI VENIR CHIAMATO CON IL SUO NOME PER ESTESO.
ANCORA QUI, CALVIN?
CHI?!
PRESIDE
WATTERSON

CALVIN L'ARDITO!
SI'?
IN GINOCCHIO.
UHH? COSA? IN GINOCCHIO?
PER L'INFINITA PAZIENZA DI CUI SONO INVESTITO, IO TI NOMINO "MELMA", TI PUOI ALZARE.
IL MIO NOME E' MELMA?!
IL DOTTOR SOTTILE HA SEGNATO UN ALTRO PUNTO.
WATTERSON

CALVIN AND HOBBES
by WATTERSON
GRGHHG
RGHHHH
GRRRGH
RGGHH
SNORRTT
GHACKHGG
EHH EHH EHH... SCUSATE.. UN PO' DI CONGE-STIONE NASALE...
SIGHHH..

Fine

Finito di stampare
nel mese di settembre 2015
da Stamperia Artistica Nazionale S.p.A.,
Trofarello (TO)